Susanne Andrade

O PODER DA SIMPLICIDADE
NO MUNDO ÁGIL

Como desenvolver soft skills e aplicá-las com scrum e design thinking para ter mais resultado com menos trabalho, em menor tempo

Diretora
Rosely Boschini

Gerente Editorial
Rosângela de Araujo Pinheiro Barbosa

Assistente Editorial
Audrya de Oliveira

Analista de Produção Editorial
Karina Groschitz

Controle de Produção
Fábio Esteves

Preparação
Janice Florido e Carla Fortino

Revisão
Maria Aiko Nishijima

Capa
Ester Marciano

Projeto Gráfico e Diagramação
Vanessa Lima

Impressão
Bartira Gráfica

NOTA DOS EDITORES

Todos os esforços foram feitos pela autora e pelos editores para confirmar a autoria de todas as citações, porém, caso exista alguma divergência, pedimos que os leitores entrem em contato com a Editora Gente com a informação correta para que possamos fazer as correções nas futuras edições deste livro.

Copyright © 2018 by Susanne Andrade
Todos os direitos desta edição são reservados à Editora Gente.
Rua Natingui, 379 – Vila Madalena
São Paulo, SP – CEP 05443-000
Telefone: (11) 3670-2500
Site: www.editoragente.com.br
E-mail: gente@editoragente.com.br

Dados Internacionais de Catálogo na Publicação (CIP)
Angélica Ilacqua CRB-8/7057

Andrade, Susanne
O poder da simplicidade no mundo ágil: como desenvolver soft skills e aplicá-las com scrum e design thinking para ter mais resultado com menos trabalho, em menor tempo / Susanne Andrade. - São Paulo: Editora Gente, 2018.
192 p.

ISBN 978-85-452-0277-6

1. Sucesso nos negócios 2. Carreira profissional - Desenvolvimento 3. Sucesso 4. Motivação no trabalho I. Titulo

18-1336   CDD 650-14

Índice para catálogo sistemático:
1. Sucesso nos negócios

"A grandiosidade está na simplicidade, em mudar o mundo com autenticidade."

Susanne Andrade

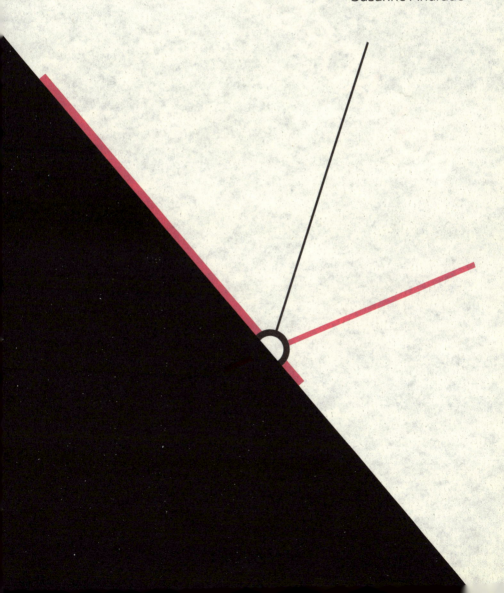

AGRADECIMENTOS

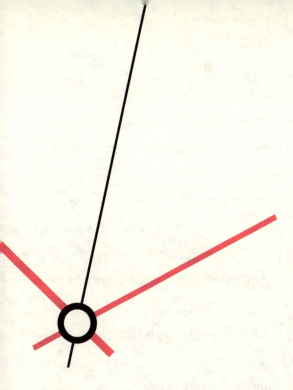

Gratidão a você leitor, seja família, amigo, aluno, profissional que já me conhecia ou que passa agora a me conhecer. Você é a razão maior desta obra!

Além de agradecer, dedico este livro a Carlos Miguel Baptista, amor de minha vida, companheiro e parceiro agora também no trabalho. É especial inspiração, quem me ajudou a fortalecer o meu posicionamento na carreira, e na construção do MAC, apresentado neste livro. Foi com ele que construí o valor maior em minha vida, nossa família. Obrigada às queridas filhas: Mariana Andrade, por me ajudar a crescer a cada dia, e me inspirar a ser uma pessoa melhor; a Anna Beatriz, pela luz e alegria que me proporciona, me ensinando a pensar cada vez mais alto. A Eliete, por cuidar de nosso lar.

A minha existência vem de duas criaturas apaixonantes, Sandoval e Neide. Vocês são meus exemplos maiores. Gratidão por terem construído uma linda família da qual faço parte, junto aos meus queridos irmãos Sanney, Sanny e Sarah, sobrinhos Filippe, Pedro e Rodrigo, e cunhados Tarcísio e Leandra.

O sonho deste livro começou há 8 anos, quando recebi a resposta de um e-mail do Roberto Shinyashiki, meu Mestre. Naquele dia pensei: vou lançar um livro pela Editora Gente. Ele me ajudou a ser escritora, e a não desistir dos meus sonhos. Agora, no 3º livro, me realizo em sua editora. Agradeço a cada um de sua equipe: Rosely Boschini, Marília Chaves, Danyelle Sakugawa, Luisa Boschini, Fabiana Garbellotto, Keila Silva, Kelly Silva, Fabrício Santos e Audrya de Oliveira. Neste time apareceu um anjo, competente e de alma nobre, Rosângela Barbosa, que esteve comigo em cada passo dessa caminhada. Gratidão!

Anjos existem e aparecem em forma de gente, como é também o Gilberto Cabeggi, profissional e alma indispensável em todos os meus livros. Obrigada por sua presença e pela leitura crítica, realizada também por Carlos e Janice Florido.

Agradeço pela generosidade dos profissionais que fortaleceram a minha mensagem, em forma de prefácio, o Mauricio Benvenutti, e de depoimentos: Gal Barradas, Margarida Afonso, Eduardo Gouveia e Gustavo Gennari. A empresa deste último é o berço de onde partem as ideias para o meu posicionamento nesse novo mundo do trabalho. Obrigada Eduardo Endo por ter me apresentado a FIAP.

Faço parte também de instituições nas quais conquistei especiais amizades, além do trabalho profissional. Agradeço a parceria aos queridos da ABRH-SP, CATHO e GRATHI.

Pessoas queridas me ajudam como canais de comunicação e marketing. Obrigada Igor Medeiros, João Dutra, time Mastermind Development, equipes Molamestra e Ortolani.

A espiritualidade é a minha religião, independente de nomenclaturas, pois nosso Deus é único. Agradeço por essa energia em minha vida, o que tenho levado, a cada dia mais, para a minha atuação profissional. Sinto essa essência nas pessoas as quais me refiro neste livro, e vocês conhecerão a cada capítulo. São exemplos que fazem parte de minha vida profissional, com um querer bem pessoal, temperado com simplicidade.

SUMÁRIO

PREFÁCIO MAURICIO BENVENUTTI 10
INTRODUÇÃO 14

1. OS PROFISSIONAIS ESTÃO INFELIZES E SEM ENTUSIASMO 20
A complexidade dos processos 23
Muito esforço para pouco resultado 26
Ansiedade e falta de energia 29

2. O QUE LEVA A TANTA APATIA E ANSIEDADE NO TRABALHO 34
Trabalhar de maneira mecânica 35
A gestão por conflito 39
Liderança, comando e controle 43
O cliente é visto como alguém que atrapalha 45
Revolta e falta de motivação 49

3. O MODELO ÁGIL COMPORTAMENTAL (MAC) 54
4. O PODER DA SIMPLICIDADE NA PRÁTICA 62
A importância do autoconhecimento 70

5. **Passo 1: IDENTIFIQUE SEU PROPÓSITO** 76
6. **Passo 2: INVISTA EM SUA INTELIGÊNCIA EMOCIONAL** 90

Autoestima 92

Resiliência 97

7. **Passo 3: ASSUMA O PROTAGONISMO,
   OUSE E TENHA ATITUDE** 110
8. **Passo 4: CONSTRUA UM AMBIENTE COLABORATIVO** 124
9. **Passo 5: LIDERE DE MANEIRA HUMANIZADA** 134
10. **Passo 6: FLEXIBILIZE, INOVE E DÊ ADEUS
    AO MEDO DE ERRAR** 152
11. **Passo 7: ENCANTE SEUS CLIENTES** 166

12. **UMA NOVA ATITUDE MENTAL** 176
13. **ALIMENTE SEU DIA A DIA COM ALEGRIA E FELICIDADE** 180

BIBLIOGRAFIA 188

PREFÁCIO

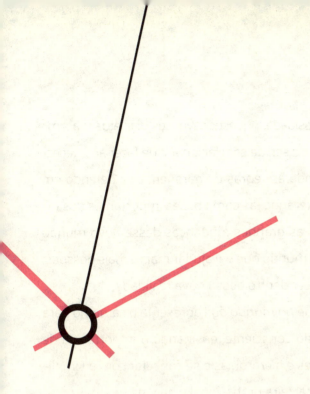

O mundo está cada vez mais diferente, ágil e acelerado e isso demanda dos profissionais um olhar direcionado para a inovação. É essencial pensar o futuro de cabeça aberta, tendo em mente os ensinamentos de como os maiores negócios do mundo estão sendo criados. Inovação é a palavra a ser considerada cada dia mais.

No Vale do Silício, epicentro de todas essas mudanças, onde lidero a StartSe, uma das maiores fomentadoras de novos negócios no Brasil, que conecta empreendedores, investidores e mentores, assessoro um grande número de empresas tradicionais, indo em busca de inspiração para inovar. Pessoas e empresas que não buscarem fazer parte dessa nova realidade ficarão fora do mercado.

Neste livro, Susanne Andrade mostra como inovar, criando uma cultura pessoal que faz vencer, conectar-se com as pessoas e ter resultados significativos nesse novo cenário. E associa à inovação outro fator de igual valor e necessidade inquestionável nos dias atuais: a simplicidade, o modo simples de ser, de se relacionar e de fazer acontecer.

Susanne apresenta ainda as regras de garagem que defendo em meu livro *Incansáveis*, reiterando-as como bases importantes dos locais onde se têm iniciado as grandes mudanças desse novo mundo que estamos criando. Um mundo que vai ajudar mais e mais pessoas, à medida que se estabelecer dentro dessa nova realidade.

O poder da simplicidade no mundo ágil apresenta o caminho para estar nessa trilha de modo consciente, ensinando a importância de abandonar as formalidades e hierarquias e se conectar com a simplicidade, nos negócios, na carreira profissional e na vida pessoal.

Você vai entender como desenvolver *soft skills*, ou seja, habilidades não técnicas que o levarão a outros patamares superiores em sua carreira, estimulando ainda sua evolução como ser humano – o que o tornará parte ativa desse novo mundo, mais ágil e humanizado, em que você vai ter mais resultados, com menos trabalho e em menos tempo.

A magia da inovação vem das mentes e dos corações humanos, que são a base de tudo o que há de mais essencial. Esse é o tom de todo este livro, em que você vai entender como tornar a sua marca mais humana, destacando a empresa de que você faz parte.

Considerando como é importante ser apaixonado por uma causa, o livro traz ainda um método que vai ajudar você a descobrir qual é a sua causa pessoal, o seu propósito. Desse modo, será possível construir algo que as pessoas amem, seja a sua carreira, seja uma empresa ou uma *startup*.

Descubra como você pode ganhar muito ao fazer parte de um mundo ágil, um novo mundo para se trabalhar e viver, de maneira incrível e simples. Perceba como a simplicidade e a capacidade de inovar vão alimentar sua alma e sua mente, ajudando-o a conquistar melhores resultados na sua vida e na sua carreira, tornando-o protagonista de um novo mundo.

Mauricio Benvenutti
Empresário, sócio da StartSe e autor de *Incansáveis* e *Audaz*

O ambiente corporativo está cada vez mais pesado, exigente e muitas vezes tóxico, impactando negativamente a saúde e o equilíbrio emocional dos profissionais. A pressão por resultados, a correria do dia a dia, a impressão de que o tempo passa mais rápido estão afetando você a ponto de perder a energia para o trabalho e para a vida? Você também sente que não produz tanto quanto deseja? Imagino que a sensação seja mesmo de sobrecarga da vida diária, que aumenta a cada dia, em que predominam a correria e a pressão por resultados, levando você ao cansaço, à ansiedade e à infelicidade. E, nesse contexto, as relações estão mais e mais desgastadas, especialmente no mundo do trabalho.

O cenário descrito faz parte da sua realidade? Gostaria que fosse diferente? A boa notícia é que há uma nova maneira de trabalhar, na qual a agilidade acontece em grande parte pela mudança no padrão das relações, o que leva a melhores resultados em menor tempo.

Já imaginou fazer parte de um ambiente mais colaborativo na empresa, que lhe proporcione maior produtividade e felicidade? Pois saiba que é possível, sim, conquistar tudo isso, com profissionais mais engajados, sejam eles gestores ou não. É uma construção conjunta, com autorresponsabilidade, liderança humanizada, respeito às características de cada um, ao seu estilo de vida e ao seu dia a dia. E você pode ser protagonista nesse processo, dando suas contribuições e, especialmente, ganhando muito.

Apesar de vivermos em um mundo complexo, a simplicidade é o caminho para conquistarmos a realidade que acabei de descrever. O mundo está mudando, sobretudo o corporativo. A simplicidade corresponde a tudo o que não é excesso e desperdício, é a essência das coisas e das pessoas. É o caminho contrário aos exageros do ego, é o que há de essencial. Na simplicidade não há exageros, mas sim o que se é, de maneira genuína e autêntica. Sabemos que a saída para sermos bem-sucedidos nesse tipo de gestão é a humanização dos processos, pois esse é o movimento que aproveita o potencial das pessoas, valorizando as características de cada um, aproveitando todo o seu potencial, de maneira leve e engajada, fazendo com que as coisas fluam naturalmente.

Pensando nisso, apresento, neste livro, uma saída bastante prática, que é o Modelo Ágil Comportamental (MAC). Criei o MAC para inverter o cenário descrito inicialmente. Ele foi inspirado nos modelos ágeis, sobretudo o Scrum, iniciado na área de tecnologia. Embora esse modelo tenha surgido de um encontro de desenvolvedores de *softwares*, foi incorporado a outras áreas, como financeira, agronegócio, marketing e educação, a mais importante base para a mudança no mundo.

É uma nova maneira de trabalhar, na qual a agilidade ocorre em grande parte graças à mudança no padrão das relações, o que leva a melhores resultados em menor tempo. Dessa forma, a liderança é humanizada e o ambiente se torna colaborativo, com um time assumindo a autogestão de modo que tudo caminhe para uma relação ganha-ganha.

Os profissionais de tecnologia mudaram o mundo, trazendo-nos a inovação, assim como um número inimaginável de informações que nos levam ao estresse e à ansiedade em querer dar conta de tudo ao mesmo tempo. Nesse processo, atropelamos as pessoas, uma vez que o foco infelizmente passa a ser o resultado, ainda que à custa de atitudes desumanas ao longo do caminho. E, como evolução dessas mudanças, tais profissionais, por quem tenho muita admiração e com os quais atuo apaixonadamente, nos apresentam mais uma etapa da mudança do mundo, trabalhando de maneira humanizada, por meio de algo tangível: os métodos ágeis, que apresentaremos no decorrer deste livro. Aqui você vai entender o que há de mais sutil e encantador em tudo isso, identificando quanto a sua vida pode ser mais leve, quanto você pode ser mais produtivo e, o que é melhor, mais feliz.

Em primeiro lugar, é fundamental entender que agilidade é diferente de correria. Trata-se de um conceito em que a qualidade do tempo e o melhor aproveitamento são essenciais. O grande diferencial do mundo ágil é desacelerar para conectar as pessoas por meio de um propósito

O GRANDE DIFERENCIAL DO MUNDO ÁGIL É DESACELERAR PARA CONECTAR AS PESSOAS POR MEIO DE UM PROPÓSITO MAIOR EM UM AMBIENTE COLABORATIVO.

maior em um ambiente colaborativo. É o caminho para o crescimento das empresas e para a realização dos profissionais.

O Modelo Ágil Comportamental (MAC), apresentado a seguir, vai ajudar no seu crescimento profissional e pessoal, levando à conquista de uma vida mais leve e feliz. É um método que mostra como acompanhar o mundo ágil desenvolvendo as novas habilidades demandadas pela era digital, sem cair na correria e na ansiedade, e como ampliar suas possibilidades de colocar alma nas planilhas e na maneira de realizar o trabalho, sem perder a diretriz proposta: ter mais vida no ambiente corporativo.

Convido você a mergulhar neste livro, que tem como base a simplicidade, importante caminho para a agilidade. Seu conteúdo vai ajudá-lo a se encontrar e a se reinventar. Vamos trabalhar na transformação do seu *mindset*, pois é a partir da mudança de mentalidade que você vai se motivar a ter atitudes que o ajudarão a crescer e a se desenvolver nesse novo mundo em que todos lucram: profissionais e empresas.

1 OS PROFISSIONAIS ESTÃO INFELIZES E SEM ENTUSIASMO

Flávio era um profissional da área comercial, e a conquista de clientes para a venda de software era a base para o aumento de seus ganhos. Tirava dali o sustento da família. Casado, pai de três filhos – dois adolescentes e um de 5 anos –, ele não se sentia no direito de deixar de trabalhar naquela empresa, mesmo que as condições não fossem ideais, pois a filha mais velha estava fazendo faculdade particular e ele queria dar o bom exemplo de pai responsável e provedor. Carina, sua esposa, tinha parado de trabalhar quando os filhos nasceram, algo que fora combinado entre o casal. No entanto, àquela altura, as coisas haviam mudado muito, e as despesas aumentaram. Flávio desejava que a esposa também trabalhasse, pois estava exausto da pressão financeira diária exercida sobre ele.

Havia pressão de todos os lados: tanto pelos resultados na empresa, quanto pela responsabilidade financeira familiar. Em vez do desejo de conquistar clientes, ele queria mesmo era se afastar de todos e nunca mais voltar. De onde, porém, viria a sua renda? Apesar de saber que precisava do salário para sobreviver, sua vontade era desaparecer sem deixar rastro.

O desânimo e a infelicidade tomavam conta dos seus dias. Com frequência ele se perguntava qual era o exemplo que estava passando para os filhos? Outra questão que martelava sua cabeça era: Será que o resultado que apresentava na empresa estava contribuindo para as metas da equipe?

E de que equipe falava? Daquela formada por colegas que ele considerava "crocodilos", que pareciam mais animais prestes a devorá-lo, como se referia a eles nas conversas com amigos. Aliás, já havia algum tempo que, quando lhe perguntavam alguma coisa, ele só dizia que estava tudo bem. Tinha receio de desabafar, de dizer o que estava sentindo, já que um dos seus amigos mais íntimos trabalhava na mesma empresa, embora em outra área. Claro que nem sempre fora assim. Já houve confiança entre eles, que foi se acabando em meio ao desgaste diário no trabalho, que mais lembrava um campo de batalha que uma vida.

Vida representa alegria, entusiasmo e boas energias, mas o cenário mostrava que Flávio era infeliz e que sua sensação era de não ver mais saída, uma vez que ele só distinguia escuridão para todos os lados.

Nas empresas encontramos muito mais "Flávios" do que podemos imaginar, e é provável que você se identifique com algumas passagens da vida dele. Será que está na hora de começar a pensar no que fazer para mudar essa história? A decisão é sua! É nítido que a insatisfação dos profissionais vem aumentando de maneira geométrica a cada ano. Para entender esse sentimento que se alastra mundo afora, a Gallup realizou uma pesquisa[1] sobre o grau de insatisfação de trabalhadores dentro das empresas, num período de 24 meses. O resultado, divulgado em 2017, foi de que 72% das pessoas não gostam do próprio trabalho. Desse total, 18% estão ativamente desengajadas e têm interesse em prejudicar a própria empresa em que trabalham. Segundo a pesquisa, a porcentagem dos que estão "completamente desengajados" varia de 18% a 20% dos trabalhadores, ou seja, 1 em cada 5 pessoas. Essa é uma dura realidade de encarar. O que será que acontece com o resultado do trabalho desses profissionais? Quanto as empresas perdem com isso? Se você tivesse uma empresa, gostaria de ter profissionais realizados e felizes ou insatisfeitos e infelizes?

Colaboradores insatisfeitos contribuem para piores resultados nas organizações. Além disso, a complexidade dos processos, o elevado esforço para poucos resultados, assim como ansiedade e falta de energia que fazem parte desse contexto, só potencializam a insatisfação e a infelicidade.

---

1 "72% das pessoas não gostam do seu trabalho, aponta pesquisa...", *Uol Economia - Empregos e Carreiras*. Disponível em: <https://economia.uol.com.br/empregos-e-carreiras/noticias/redacao/2013/05/08/72-das-pessoas-nao-gostam-do-seu-trabalho-aponta-pesquisa.htm>. Acesso em: 7 jun. 2018.

A COMPLEXIDADE DOS PROCESSOS

Os processos e as relações nas empresas estão ainda mais intrincados desde que as pessoas entraram no mecanismo de fazer tudo sem levar em conta o significado do que é feito.

É provável que você já sinta essa sobrecarga de atividades e esteja correndo, sem saber para onde está indo e sem perceber resultados em seu trabalho e na empresa.

Você pode já ter se percebido desconectado do dia a dia, quando sua atenção está voltada para as preocupações em relação ao futuro – com o que ainda não aconteceu – ou ao passado – punindo-se pelo que não conseguiu realizar. Isso sem contar as inúmeras reuniões das quais você participa e em que toma decisões e depois disso nada acontece ou nada parece acontecer. É como se tudo tivesse caído em um vazio e você apenas tivesse perdido tempo.

É possível que você já tenha chegado em casa e desabafado sobre como o funcionamento da organização corporativa moderna mudou, e para pior. Todo mundo já ouviu que preencher o formulário corretamente, ou os milhares deles, é mais importante do que realizar o trabalho. Ou que é preciso fazer uma reunião para se preparar para outra reunião preparatória para o projeto que não sai do papel. Com tudo isso, o estresse e a ansiedade parecem sugar toda a energia, a criatividade e a rapidez de raciocínio dos colaboradores. Assim, ser profissional e estar ligado ao mundo corporativo se tornou um grande fardo, que impacta negativamente nos resultados das empresas e na vida de todos os envolvidos, pois, em vez de ativar a proatividade de cada um, leva a uma mistura de ansiedade e falta de entusiasmo.

É NÍTIDO QUE A INSATISFAÇÃO DOS PROFISSIONAIS VEM AUMENTANDO DE MANEIRA GEOMÉTRICA A CADA ANO.

Apesar de esse cenário estar claro para quem o vivencia, as pessoas ainda assim continuam fazendo a mesma coisa, embora percebam estar diante do mais completo fracasso. Na verdade, sentem-se em uma realidade paralela, no que costumamos chamar de mundo Matrix, no qual se acredita ser real para que não se perceba a verdade. De acordo com estudiosos, esse mundo é a construção artificial de uma realidade que se reveste de aparências determinadas pela nossa mente, em que somos envolvidos por algo de que não nos damos conta, vivendo sem a consciência do que realmente acontece por trás de uma rotina de fazer coisas de maneira desenfreada, irrefletida. Se você se sente como se estivesse matando um leão por dia e não consegue ver as coisas se concretizarem e entender qual o verdadeiro sentido de tudo, você provavelmente está em um mundo Matrix, que leva à ansiedade, ao estresse e à depressão.

Portanto, é essencial pararmos para contemplar o que vai além dessa superficialidade que destrói o entusiasmo e mudar nossas atitudes em busca de um significado maior para o trabalho e a vida.

MUITO ESFORÇO PARA POUCO RESULTADO

Andrea, uma profissional competente, dedicada, além de extremamente esforçada, chegava ao trabalho quase todos os dias mais cedo e saía mais tarde. Apenas às segundas-feiras ela chegava no horário estipulado no contrato de trabalho. Às sextas-feiras, tinha por hábito sair religiosamente às 18 horas. Com o passar dos meses, o que era uma concessão a si mesma teve de ser ignorada em favor do trabalho. Passou a chegar cada vez mais cedo e a sair cada vez mais tarde todos os dias. Passava os finais de semana jogada no sofá, de tanto cansaço e falta de energia. Perdia vários programas com amigos na sexta à noite porque se dizia presa ao trabalho. A empresa em que ela estava realmente parecia ser uma penitenciária. Quando conseguia sair da cama ou do sofá nos finais de semana, era para pegar o computador e adiantar as atividades da semana seguinte, com o intuito de não se atropelar mais uma vez.

O fato é que sua vida passou a ser um constante atropelo. Os esforços aumentavam a cada dia, não somente em termos de tempo, mas na busca de novos aprendizados para dar conta das demandas. Mesmo agregando conhecimento, melhorando seu know-how, ampliando seu mundo profissional, sentia que havia uma grande perda de tempo em relação aos processos de trabalho, pois ela não conseguia ver evolução. A sensação era de que, quanto mais tirava terra de uma montanha, mais terra aparecia a sua frente, por todos os lados.

Certo dia, chamou para uma reunião toda a equipe da área financeira. Queria entender o que estava gerando déficit na empresa, resolver o problema e voltar a ter lucratividade. Mas, enquanto conduzia a reunião, percebeu que as pessoas mostravam desânimo, certa apatia, como se tivessem a sensação de estarem perdendo tempo. Naquele momento, Andrea se deu conta de que não era só ela que estava cansada de trabalhar muito e ver poucos resultados. Esse clima era realidade na empresa.

Embora tivesse se sentido um pouco mais aliviada depois dessa constatação, continuava o seu trabalho no mesmo ritmo, com o desgaste diário, semanal, mensal... na vida. A sensação era de apenas sobreviver ao caos do dia a dia, de estar dopada e sendo engolida pelos processos, sem conseguir se posicionar diante deles, muito menos em relação à própria equipe, que parecia fazer o trabalho apenas para justificar o salário, sem focar os resultados. Quais resultados? Eles não sabiam nem qual era o objetivo. E quando alcançavam um ponto que parecia ser a linha de chegada, tudo aquilo que haviam feito já não tinha mais sentido. Novas metas se impunham diante de Andrea, mais trabalho, mais tarefas, deixando-a confusa, tensa, desanimada, além de insegura. A única certeza que tinha era de que muitas pedras estariam a sua espera. Seu cansaço não era somente físico, mas sobretudo mental, o que a levava a tomar remédio, inutilmente querendo resgatar a energia e o prazer que sempre tivera no trabalho e na vida.

Essa tem sido a sensação de Andrea, bem como a de inúmeros profissionais: muito esforço e pouco resultado. Quando se conquista algo, isso é pouco valorizado ou até mesmo ignorado, levando as pessoas a olharem somente para o que falta, algo que acaba se tornando um hábito. Se os líderes não reconhecem o esforço da equipe, os colegas também não fazem nenhum movimento para isso, atribuindo ao chefe essa postura. E esses são apenas alguns exemplos dos tipos de problemas que as pessoas vivenciam em seu cotidiano profissional.

Será que tudo isso pode ser diferente? Podemos mudar essa forma de fazer, a começar pela maneira de pensar? Aqui, ao se identificar com essa realidade, você vai encontrar a resposta que precisa e vai entender como mudar. Estou com você para ajudá-lo!

ANSIEDADE E FALTA DE ENERGIA

Nossa cabeça está sempre trabalhando com o pensamento de que estamos "devendo" algo, de que não cumprimos o trabalho do dia anterior. Quem nunca se levantou da mesa e deixou uma série de recados para si mesmo, para se lembrar no dia seguinte, na primeira hora? Ao ir para casa com esse pensamento, é quase impossível "desligar" completamente e relaxar. Resultado: sono mais curto, despertar mais cedo e começar a trabalhar mais cedo ainda. Dessa maneira é que começa a se desenvolver a Síndrome do Pensamento Acelerado, a SPA, estudada pelo médico psiquiatra, professor e escritor Augusto Cury. É como se sua mente vivesse em uma maratona, correndo, mas muitas vezes sem saber aonde quer chegar. Quer estar em vários lugares ao mesmo tempo: aqui, ali e acolá. Se você está em uma daquelas reuniões intermináveis, é provável que já tenha acessado o celular inúmeras vezes sem perceber, em um ato compulsivo. O pensamento vai e volta, viajando por diversos lugares, normalmente de maneira futurista, para não dizer ansiosa. Ao mesmo tempo que presta atenção ao tema explanado pelo colega, sua mente já fugiu para a reunião seguinte ou até para o final do dia, quando vai se libertar daquela prisão chamada "empresa".

Ao encarar o lugar em que escolheu trabalhar como uma prisão ou algo maçante, você quer fugir dali a qualquer custo, seja levando o pensamento para o futuro, seja levando-o para o passado, onde você acreditava ser mais feliz, embora na época não pensasse assim. E se esquece de viver no presente, de olhar e realmente ver o que há ao redor, até mesmo para perceber que existem coisas bacanas naquele lugar e que há pessoas às quais vale a pena destinar um tempo para conversar de maneira mais inteira, uma vez que sua lupa registra somente os seus antagonistas, fazendo-o gastar energia se debatendo com eles. E mesmo assim você insiste em levar a sua vida dessa maneira, com foco nos problemas. Independentemente de ter um cargo de gestão ou não, a vida demanda dos profissionais uma postura de liderança, tanto da própria vida quanto da carreira. Aqueles que não fazem isso estão fadados ao fracasso.

Além de tudo isso – e, talvez, exatamente por isso –, as pessoas desenvolvem um sentimento que se chama culpa, por não se realizarem, por não conseguirem tudo o que querem, por não atingirem metas, por não serem felizes.

O foco das pessoas hoje está nos problemas. O que fazer para conquistar a solução, a verdadeira vida, mesmo diante dos chamados problemas do dia a dia?

Você, leitor, já sentiu sobrecarga de atividades, às vezes desnecessárias e sem foco, e que o deixam sem tempo para si mesmo? Você já se percebeu desconectado do presente, com a atenção voltada para frustrações e apegos ao passado ou preocupações com o

AS PESSOAS MUDARAM,
O MUNDO MUDOU,
E ISSO DEMANDA
DE TODOS UMA
TRANSFORMAÇÃO,
A QUAL DEVE SER
CONSTANTE E MADURA.

que ainda não aconteceu? Já se viu gastando sem necessidade, como se estivesse jogando dinheiro fora, uma quantia que dá trabalho ganhar, sobretudo se é fruto de algo que você tem que fazer, mesmo sem amar fazer? Sente-se como se um sacrifício tão grande fosse por água abaixo?

Está na hora de mudar, de começar a encarar as coisas com mais simplicidade, algo que podemos aprender com as crianças. As crianças têm o foco na simplicidade e na leveza, mas o adulto faz diferente. O adulto insiste em complicar e deixar tudo muito pesado. Ele acelera o mundo com tantas informações e tecnologias, e assim não desfruta das coisas boas e das aventuras, pois tudo passa muito rápido.

As crianças têm esse encanto de conseguirem, com muita espontaneidade, alegria e leveza constantes. Isso acontece porque elas não estão preocupadas com o passado, muito menos com o que vai acontecer. O foco delas é o momento presente, é aproveitar ao máximo a vida e se divertir com as pessoas a sua volta, mesmo que sejam diferentes. Ter o foco no que as pessoas têm em seu interior, e não no que falta nelas, é uma forma de sentir a sua presença, e até mesmo a nossa.

Para as crianças, não existe uma preocupação com o que vai acabar, mas há o cuidado em aproveitar o que têm. O senso de presença delas é autêntico, uma vez que elas curtem o presente com toda a intensidade.

É importante ressaltar também o tempo que você deixa livre para que isso aconteça em sua vida. Você precisa sair da correria de ter de estar ocupando a mente o tempo inteiro, com a famosa frase tatuada: "Eu não tenho tempo".

Criar tempo para ouvir e se conectar com as pessoas é sabedoria. É a conexão com nós mesmos, o que traz a sinergia e o divino em nós. A partir daí abrimos espaço para acreditar na beleza da vida.

Enquanto você segue nesta leitura que vai proporcionar-lhe o caminho para essa beleza e felicidade, é importante entender as causas de todos os problemas até aqui apresentados.

2 O QUE LEVA A TANTA APATIA E ANSIEDADE NO TRABALHO

TRABALHAR DE MANEIRA MECÂNICA

Há pessoas que escolhem a carreira em virtude do desejo do outro ou da quantidade de vagas no mercado, esquecendo o verdadeiro propósito, fechando os olhos para aquilo que as levará à infelicidade e à falta de energia. Quanto mais aprofundam o conhecimento em uma área de que não gostam, mais infelizes ficam, afinal, não estão fazendo o que gostam, e isso por si só já é um grande fardo para ser carregado diariamente. Entra então o modo mecânico de trabalhar, cumprindo o necessário, sem um sentido maior. O significado passa a ser somente o salário no final do mês. Apenas a sobrevivência é o foco. A apatia, o desânimo, a sensação de ir a lugar nenhum persistem, e a carreira não tem nenhuma relevância nesse cenário.

Para que seu trabalho tenha um significado maior, a escolha na carreira deve ser consciente e madura, de preferência levando em consideração suas habilidades, seus sonhos, aquilo que desperta o brilho em seus olhos. Caso contrário, o cansaço e a falta de energia tomarão conta não só do lado profissional, mas da vida como um todo.

No entanto, preciso deixar claro que existe outro caminho. A vida de adulto pode ser uma brincadeira, sim, pois pode haver "leveza na seriedade". A leveza deve ser pautada no propósito de cada um. O problema é quando alguns deixam o propósito de lado – e há aqueles que nem sequer sabem identificá-lo. Como professora de Coaching & Carreira em cursos de MBAs de tecnologia da FIAP, abordo esse tema e vejo que a maioria dos profissionais não tem claro qual é seu propósito, e muitos nem mesmo fazem ideia da importância que ele tem para a realização na carreira. Existem também aqueles que o identificam, mas não promovem mudanças por acharem que vão perder o tempo destinado a alguma área de atuação específica, ficando presos ao passado, o que atrapalha o fluir da carreira, pois eles continuam trabalhando mecanicamente, sem um objetivo e com grande desgaste.

Eu me lembro de um aluno do final do curso de pós-graduação em engenharia de software, de 27 anos, que atuava como desenvolvedor em uma empresa da área financeira. Ele estava havia apenas um mês naquele trabalho e disse ter passado por mais de 5 empresas em um único ano, sem ter paciência para ficar em qualquer uma delas por mais tempo. Será que o problema estava na empresa? O que será que estava acontecendo com aquele rapaz? Certo dia, ficamos conversando entre um intervalo de aulas e ele me falou: "Professora, já fiz mais de uma formação em terapia, da psicanálise à abordagem mais holística. Amo ajudar as pessoas nas suas questões, mas não dá mais para mudar de carreira. Não posso jogar fora tudo o que fiz até aqui. É perda de tempo". Confesso que fiquei impressionada com o modo como o propósito bate à porta das pessoas e elas insistem em não abrir.

Então, perguntei a ele: "Você já pensou no quanto pode perder daqui para a frente se insistir em não seguir seu propósito? Já imaginou o peso que carregará em um trabalho que não o completa, que você apenas trabalhará mecanicamente para receber um salário no final do mês? Não acha que sempre é tempo de fazer uma correção de rota e mudar a direção?".

Naquele momento ele parou para refletir e disse que nunca tinha olhado por essa perspectiva. Quando me despedi dele, pedi que pensasse com carinho e focasse o momento presente, pois poderia ser o maior presente que ele poderia se dar. Sinalizei sobre as diferentes possibilidades de mudança, inclusive de maneira paulatina, começando, assim, uma fase de transição.

Eu não tive mais notícias dele, mas fiz a minha parte, semeando algo que pudesse contribuir para a sua realização na carreira e felicidade na vida, pois é esse o meu propósito.

Se você deseja mudar algo em sua vida ou carreira e acha que o tempo já passou, leia *Antes tarde do que nunca*, de Gilberto Cabeggi. A hora é sempre agora. Faça acontecer!

Então, você sabe qual é o seu propósito? São inúmeras as maneiras de identificarmos o nosso propósito, de modo simples e prático. No entanto, infelizmente ele se torna uma pedra no sapato dos profissionais que não procuram identificá-lo.

Fico muito feliz quando sou canal para as pessoas não somente identificarem o próprio propósito, mas para elas se posicionarem, seguindo-o.

É muito comum na área de tecnologia os profissionais assumirem o caminho da gestão enquanto o seu propósito consiste em ser especialista, aprofundando o conhecimento em tecnologias específicas. Se eles fazem uma escolha errada, passam a trabalhar de maneira mecânica, e então são tomados pela ansiedade e pela apatia. Falta-lhes energia para desenvolver seu time, e as entregas não ocorrem. Sem contar que o ambiente de trabalho começa a pesar, e esse é o momento em que o clima de angústia e incerteza se instala.

Às vezes ocorre o contrário. O profissional inicia a carreira como programador, por exemplo, depois começa a se identificar com o caminho da gestão, mas deixa que a timidez seja maior do que sua realização, imaginando que não pode desenvolver novas habilidades, o que se torna um impeditivo para seu crescimento. Então a carreira fica estagnada, e ele passa a ser um repetidor de ações sem sentido.

Há aqueles que são extremamente criativos, inovadores, desejam seguir pelo caminho do empreendedorismo, mas, por acreditarem que a empresa nasce pronta, por se esquecerem de que uma caminhada é feita de pequenos passos, deixam de dar o primeiro passo na direção certa. Ficam exaustos de andar, e na maioria das vezes de correr, na direção errada, subindo ladeiras cansativas, quando poderiam usufruir de um terreno mais leve, em sintonia com seu propósito.

Acompanhar profissionais no *coaching*, em sala de aula ou em palestras, por meio de meus livros e treinamentos, ajudando-os a sair desse mecanismo viciado, é maravilhoso. Logo mais você vai entender que é possível trilhar o seu caminho para a felicidade.

A GESTÃO POR CONFLITO

Há um modelo de gestão que ainda predomina em muitas empresas e que é um grande responsável por também ser a causa de apatia e ansiedade. É aquele baseado em conflito, quando é instigada a competitividade destrutiva entre profissionais e áreas como caminho para os resultados acontecerem.

É importante entender que competitividade desenfreada é diferente de competição. Ao analisarmos o conceito de competição, percebemos que é simplesmente insustentável a noção de aniquilar o outro. A palavra competição remete a algo positivo e construtivo, uma vez que é derivada da palavra latina *competere*, que significa "empenhar-se junto". Infelizmente, porém, não é isso que tem acontecido nas organizações tradicionais.

Essas empresas são controladas por pessoas com perfil de general, construídas para o combate e que operam sob o tema da competitividade. O custo para trazer resultados e lucros é a destruição das pessoas no meio do caminho.

A realidade mostra que esse tipo de gestão já funcionou e trouxe resultados para o lucro das empresas, porém hoje isso não ocorre. Os profissionais estão cansados e não conseguem mais produzir dentro dessa lógica, pois o seu *mindset* vem mudando, demandando mais qualidade de vida e leveza, embora nem todos os gestores tenham se dado conta disso, ainda que eles sejam os mais desgastados nessa rotina. Acabam por ser vítimas da própria arma, atirando no próprio pé. Fazer pressão e instigar a competitividade destrutiva faz mal também a quem provoca essa atitude em seus times.

Se você é um gestor, deve se sentir desgastado em muitos momentos, desconfortável em provocar situações de conflito. Caso seja um profissional que tem um gestor com essa postura, certamente já percebeu que ele se descompensa e, num nível de estresse elevado, acaba perdendo o controle da situação. No mundo ágil, já não cabe essa postura. Quem insistir nessa perspectiva não conseguirá se manter no mercado por muito tempo, seja como empresa, seja como profissional.

Se você ainda não se conectou com o *mindset* do mundo ágil, está na hora de começar a dar novo significado à sua liderança, deixando o papel de chefe para assumir o de verdadeiro líder que inspira, colaborando com as pessoas e incentivando essa atitude nos demais.

Mário era gerente de uma multinacional, responsável por projetos desafiadores, que lhe tiravam noites de sono. Ele já chegava à empresa de cara fechada, com um mau humor que não só lhe fazia mal, como a todos que conviviam com ele. Nas reuniões, ele tinha o hábito de colocar uns contra os outros, expondo-os diante de toda a equipe.

Certo dia ele, voltando-se para o Cláudio, falou:

— Você não disse que ia passar por cima da Letícia e traria mais resultados neste mês, o que garantiria a sua nova posição como coordenador? Não foi isso que vi, mas sim uma queda em seus resultados. — E acrescentou: — Vocês todos se preparem, pois vem mais "chumbo grosso" pela frente até o final desta reunião.

Todos ficaram atônitos com aquela atitude, principalmente Letícia, que também estava presente à reunião.

Além de expor cada um, ele determinou que saíssem para a guerra, na qual a pressão deveria ser feita entre as áreas.

— Quero ver a área de desenvolvimento produzir de maneira acelerada e que a produção dê conta de tudo. E não quero saber de "mimimi". Quero ser o primeiro a ter conhecimento dos erros que acontecerem e, principalmente, quem os cometeu. Cabeças vão rolar! — falou com extrema irritação e tom de ameaça.

Diante de uma equipe estática, acrescentou:

— Vocês pensam que o mundo aí fora é diferente? Ontem almocei com um amigo que é superintendente em um grande banco e ele disse que a cultura deles é de promover a competitividade entre as diversas áreas, entre os diversos produtos da mesma empresa. Estamos no caminho certo.

SE VOCÊ DESEJA MUDAR ALGO EM SUA VIDA OU CARREIRA E ACHA QUE O TEMPO JÁ PASSOU, LEIA **ANTES TARDE DO QUE NUNCA**, DE GILBERTO CABEGGI. A HORA É SEMPRE AGORA. FAÇA ACONTECER!

Qual deveria ser o estado emocional daqueles profissionais? Será que teriam força e motivação para produzir em 100% de sua capacidade? Em um trabalho pontual, pode até ser que atitude assim leve a algum resultado, mas de maneira constante acaba com os profissionais, com sua autoestima, roubando-lhes energia e levando-os a um elevado nível de ansiedade e estresse, podendo desencadear até depressão.

São atitudes desumanas, como as anteriormente descritas, que estão acabando com o ambiente de trabalho, fazendo com que as pessoas cheguem ao pânico por fazer parte desse mundo.

E os resultados nas empresas, como ficam? No passado isso até funcionava, mas hoje elas já não conseguem mais fôlego para crescer e, quase sempre, nem mesmo para sobreviver.

Cada vez mais existe a necessidade da consciência de que as organizações são feitas por pessoas e, se estas são destruídas no meio do caminho, a mesma coisa acaba por acontecer com a empresa.

LIDERANÇA COMANDO E CONTROLE

O modo de liderança do tipo "comando e controle" já caiu por terra, embora seja o que ainda predomina na maioria das empresas.

O *mindset* dos profissionais que fazem esse tipo de gestão é: "Eu tenho a fórmula mágica, logo sei como as coisas devem ser feitas". Assim, "Eu mando e você obedece". Por trás de tudo isso está a necessidade de previsibilidade, pois, da forma como sempre foi, já se imagina qual será o resultado. Antes era assim, mas a verdade é que os resultados já não estão vindo como eram anteriormente. Sabe por quê? Porque as pessoas mudaram e o ritmo do mercado precisa mudar.

Ficar preso ao modo antigo de fazer as coisas – comando, controle e previsibilidade rígida – só resultará em fracassos. É importante você saber que, se a sua atuação e a de sua empresa estiverem seguindo esse modelo, nesse meio-tempo o concorrente que estiver disposto a inovar vai deixar você para trás.

Não se pode mais gritar com as pessoas e ordenar que elas sejam de um jeito ou de outro. A motivação para a mudança e o desenvolvimento de novas habilidades têm de vir de dentro. Para isso, a liderança precisa mudar do estilo comando e controle para uma liderança servidora, que inspira.

Qualquer um que crie caos emocional, inspire medo ou receio, humilhe ou diminua os outros precisa ser impedido de fazer isso. Não seja um chefe ultrapassado que permite a ocorrência desse tipo de comportamento. A menos que você queira estar fora da empregabilidade no médio prazo, pois as empresas que insistem nessa cultura já estão na fila de saída do mercado.

Se você é um gestor que deseja que o time assuma a autogestão e se queixa de que as pessoas com quem trabalha não estão assumindo o protagonismo nem a responsabilidade por suas atitudes, é importante saber que essa mudança deve começar por você. Isso mesmo, por você que está lendo este livro, pois assim você só terá a ganhar.

Você pode estar pensando: "Mas, Susanne, não sou gestor nem quero ser. Eu sou um especialista". Que bacana você estar firme em seu propósito: já sabe o que lhe dá brilho nos olhos. Ponto para você! Reconhecer o que já temos de positivo é essencial. Mas é essencial também entender o que precisamos mudar. Quero dizer a você que o mundo mudou não somente para os líderes que possuem crachá de gestores, mas está demandando do profissional o desenvolvimento de novas habilidades de relacionamentos com as pessoas, mesmo que ele siga na trajetória mais técnica. Não dá mais para ficar em frente ao computador programando e encontrando soluções de maneira individualizada. Está na hora de se mexer mais e interagir, o que representa também assumir uma postura de líder, tanto de sua carreira quanto influenciando os profissionais ao seu redor, com abertura para mudanças também.

O comando agora é somente do computador, e já não controlamos mais os resultados de modo linear e racional. O mundo mudou, e seguir o fluxo dessas mudanças representa ganhos não somente para a empresa, mas também para você.

O CLIENTE É VISTO COMO ALGUÉM QUE ATRAPALHA

Chega a ser engraçada a dicotomia entre o fato de o cliente gerar nosso salário quando ele é muitas vezes visto como alguém chato, que irrita. Na área de tecnologia, tenho ouvido algo como: "Agora vou me vingar!". Será isso real ou só está presente em grande parte das simulações em uma dinâmica na qual o tema é a negociação? Você vai entender a seguir o que estou falando.

Outro aspecto negativo diz respeito a contratos. Se no momento da discussão sobre contratos é descoberto que foi deixado passar algo que traz surpresas depois, a confusão começa. Ou, se ao elaborar um contrato, o profissional se preocupa em se resguardar de algo de negativo que possa acontecer, colocando alguma cláusula para se proteger de que alguém use algo contra ele, já é um péssimo começo.

Essa realidade faz parte de seu dia a dia? Como está o seu *mindset* na relação com os clientes? Qual é a importância que você dá para eles e como pensa sobre o relacionamento entre vocês?

Em treinamentos sobre negociação, gosto de fazer uma dinâmica na qual os profissionais assumem papéis de clientes e fornecedores. Ouço constantemente uma frase, antes de iniciarmos o processo, ainda na fase de escolha dos papéis: "Eu quero ser o cliente, pois agora é hora de me vingar como fornecedor que sou no dia a dia". Estranho ouvir isto, não é?

Em uma equipe aconteceu algo que chamou minha atenção. Numa simulação que fizemos atribuindo a dois alunos o papel de cliente e fornecedor, o comportamento de ambos deu na vista de todos os que assistiam à representação. Eles quase entraram em conflito real, exaltando a voz em sala, gesticulando, e um olhando para o outro com raiva.

Na simulação, o cliente demandou um serviço e depois de meses descobriu que precisaria mudar algumas funcionalidades. O prestador de serviço, que na vida real trabalhava com o colega que tinha assumido o papel de cliente na dinâmica, se chateou mesmo. Chegou a falar:

— Cara, você pulou para o outro lado agora, é? Os caras já querem nos ferrar em nosso dia a dia e você faz o mesmo comigo agora?

O clima esquentou na sala. Cheguei a pensar que era parte da dinâmica, mas depois vi que o estresse tinha tomado conta da situação.

O que aconteceu foi que, além da demanda por mudanças em relação ao escopo inicial, eles foram consultar o "suposto" contrato firmado no início da negociação e perceberam que determinado ponto não havia ficado claro, e o "cliente" tentou puxar para o seu lado a vantagem total, jogando todo o custo adicional para o fornecedor, que estava visivelmente revoltado.

Parecia um campo de batalha em que o intuito de um era culpar o outro, com foco total no problema e cegos em relação a encontrar uma solução no projeto. Parecia um cabo de guerra no qual a luta estava mais centrada em demonstrar quem tinha errado e de quem era a culpa do que encontrar alguma solução em conjunto.

Sabe qual foi o resultado dessa equipe? Nada aconteceu. Quando me aproximei para ajudar os outros dois componentes a lidarem com o conflito ali instalado, vi que o processo tinha emperrado.

Ao discutirmos sobre o ocorrido, eles relataram que era assim que acontecia no dia a dia dos seus projetos.

Somente quando indaguei sobre os principais aprendizados com a dinâmica foi que o clima ficou mais leve. Um deles falou que a maior lição foi a certeza de não mais fazer par com um dos raros *amigos que tem, nas atividades seguintes. Todos riram e eles se descontraíram.*

Muita coisa acontece nessa dinâmica, e é comum também as pessoas se desarmarem quando o outro exercita a humildade de admitir algum erro e dar foco à solução, demonstrando parceria.

É importante entendermos que a visão de que o cliente atrapalha precisa ser modificada, assim como a de que ele tem sempre razão. A questão agora é focar a parceria e solução, com justiça e ganho para todos, nesse mundo mais colaborativo. Isso só é possível a partir de uma aproximação cada vez mais estreita dos fornecedores de produtos ou serviços com os seus clientes, com base em uma comunicação objetiva e transparente, para um maior entendimento.

As pessoas mudaram, o mundo mudou, e isso demanda de todos uma transformação, a qual deve ser constante e madura. Ficar na defensiva e estar apenas focado em saber quem atrapalha e quem erra, para poder punir ou se vingar, já não deveria mais fazer parte da época e do contexto em que vivemos. Esses são impedimentos a serem eliminados pelos líderes, que nem sempre são os gestores, mas sim profissionais que inspiram e contribuem na educação corporativa e no desenvolvimento humano.

Embora traga aqui exemplos da área de tecnologia, por fazer parte de meu foco hoje – já fui também da área de saúde –, essa realidade está presente nos diferentes contextos empresariais de muitas outras áreas.

REVOLTA E FALTA DE MOTIVAÇÃO

Em conversas nas quais o assunto gira em torno do trabalho, do mundo corporativo, a conotação é quase sempre de desgaste e revolta. Geralmente há a predominância de queixas em relação aos chefes, ao clima pesado e aos conflitos nas relações. Sem contar as metas desumanas e a exigência de um currículo quase de super-herói para se ocupar um cargo.

É interessante lembrar que esse clima é construído pelas pessoas, por seus valores e comportamentos, e elas mesmas reclamam dele. O que será que está sendo feito para mudar? O que cada um tem assumido de compromisso para mudanças? O que você tem feito nesse sentido?

Para modificar essa situação, entendemos que nem tudo depende de nós, mas é preciso compreender também que há sempre um passo que podemos dar – nem que seja, em última instância, mudar de empresa.

Se você não conhece o seu propósito, é bem provável que escolha uma empresa que muitas vezes não está alinhada com ele, e isso deveria ser a base para a sua decisão. Se os seus valores internos não estão alinhados com suas escolhas, irá lhe faltar motivação para o trabalho, e esse é um processo que vai tirando a sua energia para a vida, pois não temos como separar a vida pessoal da profissional. Na verdade, o ideal é sempre integrá-las, pois o ser humano está em busca dessa realização e merece ser feliz por inteiro. E essa realização deve acontecer na perspectiva de buscar algo, em vez de fugir de algo. Quando a opção é pela fuga, há uma grande probabilidade de as pessoas continuarem infelizes.

Assim, pergunto: Você está feliz? E o que tem feito para ficar feliz?

AS PESSOAS
MUDARAM, O
MUNDO MUDOU,
E ISSO DEMANDA
DE TODOS UMA
TRANSFORMAÇÃO,
A QUAL DEVE SER
CONSTANTE
E MADURA.

Certa vez fiz um curso sobre empreendedorismo no Sebrae que se chama Empretec. Antes de ouvir a fala dos participantes, imaginava que eles estavam ali em busca de realização, de empreenderem para se realizarem em nome de um propósito, de contribuir para grandes mudanças no mundo. Para a minha surpresa, logo no momento da apresentação, ouvi de muitos dos meus companheiros de curso declarações como:

"Estou aqui porque já não tenho fôlego para o mundo organizacional, onde sinto que estou me acabando, adoecendo a cada dia e sei que nada vai mudar."

"Ainda não sei qual empresa quero criar, nem mesmo se quero isso para mim, mas sei que não quero mais estar nas empresas. É uma ilusão acreditar que exista um lugar diferente para se trabalhar."

"Estou aqui fugindo de enfrentar novamente o ambiente de trabalho. Tirei férias e decidi que para lá não volto mais, mas ainda não sei exatamente o que quero. Só sei que estou sem esperanças e me sentindo um fracassado, além de incompetente."

Imagine as empresas que seriam criadas a partir do mindset desses líderes empresários. O que eles estariam inspirando?

A boa notícia nessa história é que ouvi alguns dos participantes do curso se posicionarem das seguintes maneiras:

"Acredito que é possível existir uma empresa que tenha lucro e que as pessoas sejam felizes por trabalharem lá. É em uma empresa assim que vou empreender."

> *"Eu vim aqui buscar parceiros para criar uma empresa humanizada, que gere resultados. Quero construir algo que atraia pessoas com abertura para se desenvolverem e construirmos juntos um ambiente leve e próspero. Vamos atrair pessoas competentes e com potencial para a felicidade."*

Assim é o mundo, com pessoas de diferentes perfis, em um mesmo lugar. Se olharmos na perspectiva da mentalidade dos meus colegas de curso, podemos dizer que nos três primeiros exemplos eles não têm abertura para mudanças, acreditando que as coisas são prontas e determinadas. Já os últimos demonstram abertura para a transformação e acreditam no mundo de maneira otimista, entendendo que nós somos os responsáveis pelo que queremos conquistar.

Em meio a tudo isso, as pessoas se queixam dos resultados ou da falta deles, demonstrando revolta e falta de motivação para mudar, mesmo quando algo depende delas. Infelizmente o que predomina é a postura do *"rapaz da marmita"*:

> *Havia um rapaz que costumava levar sua marmita para o trabalho e sempre almoçava com um grupo de colegas. Dia após dia, ele reclamava daquela comida, pois não gostava do sabor, das opções que tinha ali e da qual, inclusive, já não suportava mais o cheiro.*
>
> *Um de seus colegas respirou fundo e disse:*
>
> *— Cara, se eu já não aguento mais ouvir você reclamar, imagine o seu estômago.*

Outro, acrescentou:

— Fale com sua esposa, ou a pessoa que prepara a marmita, para mudar o cardápio, colocando algo de que você realmente goste e de que não esteja enjoado.

Então, para a surpresa dos colegas, ele respondeu:

— Quem disse que é minha esposa ou outra pessoa que a prepara? Sou eu mesmo.

E assim é a vida. As pessoas se queixam, mas também não fazem nada para mudar a situação.

Portanto, reflita: como você se percebe, com o *mindset* fixo, que não acredita em mudanças, ou com o de crescimento, com flexibilidade?

Saiba que podemos mudar o nosso *mindset*, e esse é o caminho para conquistarmos o que desejamos, para darmos maiores contribuições nos resultados das empresas, no aumento de produtividade e felicidade entre os profissionais.

Foi com esse propósito que na A&B Consultoria e Desenvolvimento Humano desenvolvemos o Modelo Ágil Comportamental (MAC), apresentado a seguir. Neste livro trago as novas habilidades do mundo ágil, que fazem parte do modelo, e você poderá praticá-lo em sua vida, na sua carreira e na empresa da qual faz parte. Eu o convido para construirmos um mundo melhor, mais humanizado e com melhores resultados, em que todos ganham, empresários e colaboradores, líderes e times. Você e eu.

3 O MODELO ÁGIL COMPORTAMENTAL (MAC)

O Modelo Ágil Comportamental (MAC) foi concebido a partir de *insights* que tive em sala de aula, nos comentários de alunos da área de tecnologia, em cursos de pós-graduação nos quais ministro aulas e, especialmente, nas trocas de ideias com profissionais, gestores e diretores de empresas de tecnologia.

Ao falar sobre a humanização e a colaboração como caminho para a realização, para a conquista de melhores resultados, para maior produtividade e felicidade das pessoas nas organizações, ouvia abordagens sobre a metodologia Scrum. Os alunos diziam que os temas que eu trabalhava e as ferramentas que utilizava estavam em sintonia com os modelos ágeis, e que eu ajudaria muito as empresas que adotam o modelo ou que estão em processo de mudança do tradicional para o novo, uma vez que eu trabalhava justamente com o que fazia falta no dia a dia dos métodos ágeis para os resultados acontecerem na prática.

Era justamente isso que precisava ser modificado nas empresas. A dificuldade não estava na implementação da metodologia, mas em modificar o *mindset* dos profissionais para novas atitudes, alinhadas com habilidades demandadas pela era digital.

A partir daí, comecei a mergulhar nos estudos sobre o Scrum. Em linhas gerais, essa metodologia é uma estrutura de trabalho em equipe. O termo vem do rúgbi e se refere à maneira como um time se une para avançar com a bola pelo campo. Tudo se alinha: posicionamento cuidadoso, unidade de propósito e clareza de objetivo. É um processo de desenvolvimento interativo e incremental para gerenciamento de projetos e desenvolvimento ágil de *software*, que iniciou a aplicação na tecnologia e é hoje utilizado em diversas áreas, como financeira, marketing, recursos humanos, educação etc. Tem como propósito reunir pessoas de diversos saberes com um objetivo único, o que ajuda a agilizar as entregas de maneira colaborativa.

O Scrum trabalha com o conceito de fluxo: a produção deve fluir de maneira calma e rápida por todo o processo, removendo os obstáculos para que esse fluxo aconteça, eliminando os desperdícios, que são um crime contra a sociedade. A eliminação do desperdício deve ser o principal objetivo de uma empresa, especialmente o desperdício de tempo, que consome a produtividade.

O Scrum muda o conceito do "trabalhar mais" para o "trabalhar mais rápido". Não é trabalhar mais tempo que faz a diferença, até porque esse é um caminho inútil, que faz com que as coisas demorem mais. O intuito do Scrum é fazer com que as pessoas trabalhem melhor e de maneira mais inteligente.

Jeff Sutherland, cocriador do Scrum, afirmou que elaborou o conceito tendo como base o seguinte pensamento: e se eu conseguir que os padrões humanos sejam positivos, em vez de negativos? E se for capaz de criar um ciclo para que as pessoas se fortaleçam e estimule suas principais características e diminua as piores? Segundo sua visão, o Scrum é "uma possibilidade de gostar do indivíduo que vemos no espelho".

Ele percebeu que as pessoas que trabalhavam até tarde e nos finais de semana, os profissionais ambiciosos, estavam ficando esgotados, deprimidos e desmotivados. O ambiente era tão difícil que as pessoas pediam demissão.

Sutherland acrescentou que "trabalhar até tarde não significa comprometimento nem maior produtividade. É, sim, um sinal de fracasso". Trabalhar demais leva à fadiga e resulta em erros, o que faz com que você tenha de consertar aquilo que acabou de terminar. O mais importante é trabalhar em um ritmo que seja mais sustentável. Realizar muitas coisas ao mesmo tempo emburrece — dedicar-se a mais de uma atividade simultaneamente faz com que você fique mais lento e tenha um desempenho pior nas tarefas.

Na essência, o Scrum se baseia em uma ideia simples: quando se começa um projeto é fundamental verificar os intervalos regulares e curtos — *sprints* —, se ele está indo no caminho certo e se é realmente aquilo que os clientes querem. Além disso, o aprimoramento da forma de trabalhar é constante, para obter resultados melhores e mais rápidos, eliminando o que está impedindo a equipe de atingi-los.

REALIZAR
MUITAS COISAS
AO MESMO TEMPO
EMBURRECE —
DEDICAR-SE A MAIS
DE UMA ATIVIDADE
SIMULTANEAMENTE
FAZ COM QUE VOCÊ
FIQUE MAIS LENTO
E TENHA UM
DESEMPENHO PIOR
NAS TAREFAS.

Em minhas pesquisas e análises realizadas com profissionais que atuam nesse modelo, identifiquei que importantes impedimentos estão relacionados à falta do desenvolvimento de *soft skills* dos profissionais, ou seja, à falta de uma combinação de habilidades pessoais, sociais, de comunicação, de atitudes, assim como de atributos de carreira, de inteligência emocional, entre outros, que permitem que as pessoas naveguem em seu ambiente, funcionem bem com os outros e alcancem seus objetivos com habilidades duradouras complementares. São essas habilidades que desenvolvemos por meio do MAC e que abordaremos neste livro.

Muitos comentaram inclusive que a metodologia Scrum em si é eficiente e é a tendência para a conquista de resultados de excelência nas empresas, sendo já a realidade em muitas. Sinalizam também que a maior dificuldade está justamente em conseguir desenvolver essas habilidades entre os profissionais, o que nos levou a criar o MAC, para preencher adequadamente essa lacuna.

Um desses impedimentos predominantes na área de tecnologia é que ali ainda prevalece o estilo de liderança baseado no comando e controle, quando na verdade deveria ser o estilo de liderança servidora. Em contrapartida, exige-se que o time desenvolva a autogestão, mas este já está habituado às ordens dos chefes e se acomoda, aguardando receber a determinação sobre o que fazer. Desenvolver essa maturidade é essencial e é o que fazemos por meio do MAC. Nosso foco está em "como desenvolver" as *soft skills*, que é a demanda dos profissionais nesse mundo ágil e o diferencial para o seu sucesso.

Um importante apoiador do MAC é Fabiano Milani, um dos profissionais que mais entendem dessa metodologia e a implementa em empresas. Ele é coautor do livro *Métodos ágeis para desenvolvimento de* software, tem formação em Coaching e em Programação Neurolinguística (PNL) para entender melhor como funciona o *mindset* dos profissionais e o comportamento humano como forma de facilitar a implementação do Scrum e de outros métodos ágeis nas empresas.

Todo o trabalho desenvolvido por Milani tem como base os valores do Manifesto Ágil, documento que norteia a implementação dos métodos ágeis com excelência. Ele foi criado em 2001 por desenvolvedores de *software* nos Estados Unidos. É esse documento que embasa os métodos ágeis, permitindo a mudança no *mindset*. O amplo potencial e os valores do manifesto me levaram a construir o MAC. Esses valores são:

1. **Indivíduos e interações,** não mais processos e ferramentas, em que o foco passa a ser as pessoas, a forma como se relacionam e seu modo de trabalhar.
2. *Software* **funcional,** não mais documentações extensas, com atenção na demanda dos clientes, de maneira que eles possam utilizar tudo o que é produzido, dentro de sua real necessidade.
3. **Colaboração com o cliente**, não mais contratos e negociações, pois o intuito maior passa a ser o trabalho de parceria entre fornecedores e clientes.
4. **Respostas às mudanças**, não mais planos rígidos, em que a flexibilidade é essencial para suprir a necessidade de mudanças,

de maneira que atenda melhor aos clientes, com entregas mais rápidas e de excelência.

Além desses valores, para que o modelo ágil leve realmente resultados para as equipes, é essencial **que o ambiente seja colaborativo**.

Como já me referi anteriormente, o Scrum tem sido utilizado em todas as áreas, no mundo inteiro, e tem tido um papel extremamente relevante para o sucesso não só das corporações, como dos profissionais. As corporações que insistirem em atuar na perspectiva do comando e controle, tentando impor um nível de previsibilidade muito alto, estarão fadadas ao fracasso. As empresas têm, portanto, duas opções: mudar ou morrer.

Para que os profissionais desenvolvam as *soft skills* é essencial que entendam como podem ganhar nesse processo, pois já estão cansados de desenvolver o que é necessário para que somente as empresas cresçam. Ao identificarem seus ganhos, os profissionais se comprometem e se desenvolvem, aumentando a própria produtividade e a do time.

4 O PODER DA SIMPLICIDADE NA PRÁTICA

João é um profissional de marketing que adora mergulhar na área de tecnologia. Recentemente, foi passar uma temporada no Vale do Silício, Califórnia, Estados Unidos, com o intuito de entender como aquele centro de ideias, inovação e empreendedorismo funciona.

Começou descobrindo que importantes startups que lá são criadas têm como propósito fazer do mundo um lugar melhor para viver e trabalhar. Elas têm uma cultura extremamente colaborativa. Primeiro, as pessoas são encorajadas a compartilhar o que estão fazendo. Existe a prática de receber e dar feedbacks rápidos. Segundo, assumir riscos faz parte da cartilha de sobrevivência.

O Vale do Silício não é um lugar de sombra e água fresca. Sabe-se que, para empreender, muitas vezes é preciso errar. Por isso fracassos são aceitos. Quando uma pessoa falha, apenas *significa que ela saltou de uma ideia para a próxima. Ninguém é julgado por isso.*

João descobriu que o diferencial do Vale do Silício é que ele atrai pessoas apaixonadas pelo que fazem, as quais trabalham o tempo todo com garra, energia e entusiasmo. Pessoas movidas pela paixão que corre nas veias, criando um ambiente incrivelmente positivo, capaz de encontrar solução para quase tudo. Mentalidades orientadas para ousadia, risco e audácia. Não se fala em estabilidade, muito menos em vaidade e requinte. Quem tem esse pensamento não fica muito tempo por lá. Os jovens que estão ali para desenvolverem seus projetos querem mudar o mundo.

João entendeu que o verdadeiro status é aquele que existe dentro das pessoas: seu conteúdo, suas ideias, sua capacidade de inspirar. Isso é o que importa. Ele achou extremamente interessante como uma das regiões mais ricas do planeta cultiva hábitos simples e ostenta muito pouco.

Foi lá que ele conheceu – e indicou para que eu lesse – o livro de Mauricio Benvenutti, cujo título, Incansáveis, mostra bem o espírito do lugar. Nesse livro estão especificadas as Regras da Garagem. Elas mostram que o sucesso está em não complicar e fazer o simples: simples de falar, de desenhar, de mostrar. O simples convence! Algo simples fascina, seduz e cativa qualquer um. No livro do Benvenutti há um guia para gerenciar de maneira simples:

1. Acredite que você pode mudar o mundo.
2. Trabalhe rápido, mantenha as ferramentas à mão, trabalhe sempre.
3. Saiba quando trabalhar sozinho e quando trabalhar em grupo.
4. Compartilhe ferramentas e ideias, confie em seus colegas.
5. Sem política, sem burocracia.
6. O cliente define um trabalho bem-feito.
7. Ideias radicais não são ideias ruins.
8. Invente diferentes formas de trabalhar.
9. Faça uma contribuição por dia. Se ela não agregar valor, ela não sai da garagem.
10. Acredite que juntos podemos fazer qualquer coisa.
11. Invente.

Ele disse que esse livro retrata a energia do Vale do Silício e como as coisas acontecem por lá, e foi me passando fotos de trechos do livro que tocaram o seu coração, começando pela frase: "Cative as pessoas pela sua ambição, seja ela qual for".

João descobriu em sua passagem pelo Vale do Silício que há um tipo de trabalho que a tecnologia dificilmente substitui: aquele que envolve mais do que mãos e mentes. São trabalhos que envolvem o coração. Trabalhos capazes de produzir experiências marcantes que atingem em cheio os nossos sentimentos. Ele disse que o Airbnb é um exemplo disso. O aplicativo proporciona que você receba desconhecidos para dividir o conforto do seu lar, trocar ideias, escutar histórias e até dar boas risadas, e é um negócio. Assim sua marca deixa de ter clientes, que eventualmente trocam você por outro, e passa a ter torcedores, que jamais mudam o time do coração.

Acrescentou que lá as pessoas confiam muito umas nas outras, e por isso é mais fácil fazer negócios. Em Economia, essa confiança resulta em um menor custo de transação, isto é, é mais rápido e mais barato vender novos produtos e serviços. Isso beneficia as startups, porque elas precisam muito dessa confiança no início, quando ainda não estão estabelecidas no mercado. Mesmo que seja um ambiente competitivo, o Vale do Silício tem uma cultura bastante humanizada, baseada em confiança!

Outro ponto importante que João descobriu é que ninguém é obrigado a conhecer os termos e jargões do mundo em que você vive. A indicação é de usar palavras extremamente acessíveis para aproximar o seu produto da realidade de todos. Ou metáforas para facilitar o entendimento. Algumas pessoas acham que para convencer é preciso falar em termos complicados, americanizados ou difíceis. Ou que expressões básicas são superficiais demais. No entanto, é justamente o contrário. **O simples impacta mais que o complexo.** E essa foi a principal mensagem que o João me passou. É o verdadeiro "Poder da Simplicidade no Mundo Ágil".

Neste livro trago casos reais com pitadas de magia, em que a verdade está sempre presente. Nesta situação específica, me inspirei em um profissional que, além de muitíssimo competente, é um ser humano incrível, de grande simplicidade: o João Dutra. Enquanto escrevia este livro, ele se encontrava em Rangum, uma cidade de Mianmar, conduzindo uma incubadora de *startups* que apoia jovens na criação de empresas inovadoras.

Observo que em diversos lugares no mundo com iniciativas assim, tanto quanto no Vale do Silício, a maior valorização está na espontaneidade das relações, no que há de mais genuíno e criativo. Nesse sentido, a maior energia que podemos ter é de conexão com a nossa criança, o que mais se aproxima da simplicidade. É a criatividade, a intuição como base para a inovação do mundo digital. É se permitir errar, sim, como caminho para crescer e florescer. Essa é a pegada do mundo ágil, que é criativo, o mundo do *design thinking*, em que o foco está nas pessoas, aceitando as diferenças e aprendendo com os erros, assim como fazem as crianças. Com elas não há formalidades, mas a informalidade que constrói e aproxima. É a energia da afetividade permitindo que o amor faça parte das empresas, pois ele é transformador. A criança acredita e tem a certeza de que se conquista o que deseja; ela sonha e realiza, com uma fé genuína. Ela descomplica, estando inteira e de maneira presente, curtindo cada momento.

A simplicidade está relacionada de maneira muito próxima com o poder da presença, do ser e estar, em detrimento do ter. O mundo do "ter" e do "mostrar que tem" está escondendo o verdadeiro valor das pessoas. É fundamental o cuidado com a vaidade, pois ela cega as pessoas, ela rouba o olhar em relação ao que há de mais especial na vida. Tudo isso tem levado o ser humano à condição de prisioneiro das coisas e do trabalho. E o mundo ágil vem rompendo com tudo isso. É mesmo encantador!

Nesse sentido, há uma afirmação no livro *A jornada de ser humano*, de Osho, um mestre na arte da meditação e do despertar da consciência, que reproduzo aqui: "Seja comum, seja simples, seja você quem for. Não há necessidade de ser importante, a única necessidade é de ser real. Ser real é existencial. Ser importante é viagem do ego".

O que será que leva as pessoas hoje em dia a buscarem ser famosas, a terem mais e mais? Às vezes penso que isso acontece justamente por não sentirem a sua real importância. É como se elas precisassem que o outro enxergasse algo que elas não conseguem ver. Tenho convicção de que, no dia em que as pessoas acordarem para isso, o mundo vai mudar. Quem enxerga isso já percebe que seu mundo mudou e que está em constante mudança para melhor.

Conectar-se com o que é essencial e contemplar a simplicidade é o caminho para o resgate da alegria de viver. É quando cada um se torna importante para si e passa a valorizar os outros, como pessoas importantes e especiais na vida. Usar a tecnologia, que tanto nos ajuda, de maneira gentil faz parte da sabedoria do mundo moderno. É essencial também, em importantes momentos, desconectar-se para se conectar com a vida!

É necessário se conectar com o que importa, com a atenção nas pessoas, com gestos simples que demonstram amor pelos colegas, pelos clientes e por suas ideias, o que leva à criação de importantes *startups*

O SUCESSO ESTÁ EM NÃO COMPLICAR E FAZER O SIMPLES: SIMPLES DE FALAR, DE DESENHAR, DE MOSTRAR. O SIMPLES CONVENCE!

que ajudam o mundo. O empreendedorismo social tem recebido apoio de grandes empresas, como o Google. Ideias simples que contribuem para fazer do mundo um lugar melhor.

Contemplar a simplicidade e ter atitudes nessa direção é o caminho para o resgate do que nos dá energia e alegria, complementado com o sucesso na vida pessoal e profissional.

O caminho de volta ao simples é esse método composto por 7 atitudes que vão ajudá-lo a chegar muito mais longe, com mudanças em seu *mindset*, com a conquista de melhores resultados e uma vida de felicidade.

Nos três primeiros passos, vou ajudar você a se conectar com o seu propósito, depois a investir na inteligência emocional, assumindo o seu protagonismo. Para isso é essencial ousar e ter atitude. No quarto e no quinto passos, você vai saber o que é necessário para construir um ambiente colaborativo e liderar de maneira humanizada. Para encerrar com chave de ouro, no sexto e no sétimo passos você vai perceber que tudo isso faz sentido quando você flexibiliza, dá adeus ao medo de errar e aprende a encantar seus clientes. É dessa relação, com maestria, que vêm o seu sucesso e a sua realização.

A IMPORTÂNCIA DO AUTOCONHECIMENTO

Para seguir esses passos, é importante se conectar com a ideia de que toda transformação começa dentro de nós, para depois mudarmos o que é necessário por meio de nossas atitudes externas. Você se conhece bem? Como vai o seu amor-próprio? Algo tão simples e tão próximo às vezes parece distante no mundo complexo, no universo de fazer coisas sem parar para contemplar a vida. O mergulho inicial deve ser aquele que começa dentro de nós e que possibilita conhecermos a nossa essência e até nossos padrões de pensamento. A partir daí conseguimos transformar o que queremos.

Existe uma cadeia muito simples que determina o fluxo de nossa vida e do que queremos conquistar: "O meu pensamento interfere em minha emoção, que por sua vez vai determinar a minha ação/atitude e os resultados que quero conquistar".

Convido-o a mergulhar em uma história com a qual vai se identificar, pois só é possível realizar tudo isso quando você se enxerga como um ser humano completo. E esse é o primeiro grande passo, é aquele que possibilita a você encontrar-se dentro de um propósito.

Vamos juntos nessa caminhada!

> José era um empreendedor e conquistou sua primeira startup aos 25 anos. Ele imaginava que cresceria e teria sucesso, mas não tão rápido como aconteceu. Além de ganhar muito mais do que imaginava, passou a ter uma equipe de 10 pessoas em menos de um ano. Cinco anos depois de criar a empresa, ele se dizia infeliz e não entendia o que estava acontecendo, e me procurou para um processo de coaching.
>
> Logo na primeira sessão, ao trabalharmos com a Roda da Vida, ferramenta que permite o autoconhecimento do cliente, como se tirasse uma fotografia de como está a sua vida e sua carreira, ele

percebeu que, de maneira geral, o financeiro extrapolava o limite de realização, uma vez que ele ganhava mais do que um dia imaginara. A realização da carreira também ia bem, pois a startup representava o seu sonho, mas pequenos detalhes não estavam tão visíveis para ele.

O pensamento dele começou a ser: "Se tenho sucesso na carreira, não posso ter na vida pessoal", o que estava determinando esse resultado de maneira real. O brilho nos olhos dele só viria se conseguisse integrar vida pessoal com o trabalho. Foi o que apontou outra ferramenta que utilizamos no processo.

Há pessoas que precisam estar bem na vida pessoal para que a percepção do sucesso em sua carreira também seja positiva, o que o Edgard Schein chama de "estilo de vida". E era a realidade de José, mas ele não se conhecia o suficiente para entender de onde vinha a sua infelicidade. Algo tão simples de resolver, mas extremamente complexo quando as pessoas não investem no autoconhecimento. As questões internas determinam nossas atitudes.

Ele relatou o desejo de se desfazer da empresa, pois estava repensando a carreira por não ter mais prazer em trabalhar. Estava exausto!

Ele me disse que um dia chegou à empresa e chamou o seu "braço direito" para conversar:

— Daniel, estou pensando em parar a empresa. Quero vender, pois já não tenho prazer em vir aqui e sinto que até atrapalho o nosso time.

Daniel respondeu:

— Eu já estava querendo conversar com você há algum tempo sobre esse assunto. A sua mudança de comportamento, a falta de energia, a impaciência com todos têm impactado em nosso time. Eles dizem que, se nem você vê um significado maior para isso aqui, como é que eles verão?! Já não têm mais entusiasmo ao apresentar nossos serviços aos clientes, pois percebem que você quer parar. O que mais deixa todos impressionados é que estamos vivendo um bom momento, estamos tendo lucro e crescendo exponencialmente. Acho que você deveria procurar ajuda profissional para entender o que está acontecendo.

José disse que aquela conversa foi determinante para ele sair à procura de um coach, e foi assim que chegou até mim.

A verdade é que o coaching ajuda as pessoas a realizarem sonhos, transformando-os em metas a serem conquistadas. José estava desanimado justamente por não entender o que se passava, uma vez que tinha realizado seu sonho com a empresa. Isso fora 5 anos antes, mas naquele momento seu sonho já era outro. Ele precisava atualizar seu mindset e ver a vida e a carreira sob uma nova perspectiva. Seu novo sonho era sair do novo ponto A (sem qualidade de vida) e chegar ao ponto B (conseguir equilibrar a vida pessoal com a profissional).

O seu sonho naquele momento era tirar férias, descansar e se permitir ser pai, o que estava deixando para depois, em razão de "não ter tempo" para outras coisas além da empresa. Contudo,

CONTEMPLAR
A SIMPLICIDADE
E TER ATITUDES
NESSA DIREÇÃO É
O CAMINHO PARA O
RESGATE DO QUE NOS
DÁ ENERGIA E ALEGRIA,
COMPLEMENTADO
COM O SUCESSO NA
VIDA PESSOAL
E PROFISSIONAL.

isso não estava claro para ele antes do processo de coaching. Era como um "sonho inconsciente".

Todo o nosso trabalho no coaching foi direcionado para que ele tomasse consciência de tudo isso. Primeiro trabalhamos a sua competência do "saber delegar" e "colocar as pessoas certas nos lugares certos". Em quatro meses, conseguiu tirar férias e voltou renovado. A empresa deixou de ser um peso, pois profissionais competentes, que já trabalhavam ali, passaram a assumir novas responsabilidades, e ele foi se soltando mais.

Todos ganharam nesse processo: ele, que conseguiu tirar férias e resgatar o entusiasmo e a energia; os profissionais, que se sentiram reconhecidos e valorizados, assumindo novos papéis; e sua esposa, por ter um marido com mais qualidade de vida e feliz.

Naquela fase da vida, José descobriu que o seu principal mobilizador na carreira era o estilo de vida. Ter sucesso para ele era equilibrar a vida pessoal com a profissional, pois só assim poderia degustar o sabor da realização. Ao investirmos em nosso autoconhecimento abrimos a porta para atualizar as nossas realizações e estarmos felizes.

E você? Já tem claro qual é o seu propósito? Tem buscado investir em seu autoconhecimento?

5 PASSO 1: IDENTIFIQUE SEU PROPÓSITO

Antes de ajudá-lo a identificar o seu propósito, quero que você entenda a importância disso. Assim como as empresas que mais têm crescido são aquelas que se baseiam em um propósito, as pessoas que mais têm sucesso na carreira e se sentem realizadas são as que fazem suas escolhas com base no seu propósito, quando alinham atitude com sua essência, buscando para si mesmas aquilo que há de mais genuíno. Esse é um fato muito mais constante na vida das pessoas de sucesso do que você pode imaginar.

Vamos entender como funciona a lógica do sucesso, do propósito, nas empresas, para chegar até você. Ele é a alavanca que tem transformado a vida de muitas organizações. Nasce dentro delas e, em sua história, e não pode ser encontrado no mercado. Escavar e revelar o propósito é entender "por que a organização existe". É algo que todos os colaboradores da empresa respiram no dia a dia.

Os melhores resultados, de maneira consistente, são obtidos por empresas que se empenham em fazer do mundo um lugar melhor. Quanto mais elevado o propósito de um indivíduo ou de uma empresa, mais elevados serão seus lucros. O propósito é tanto uma força financeira como humanitária. Fazer o bem é a nova moeda das empresas; um mundo melhor, seu principal objetivo.

Segundo Joey Reiman, o propósito representa devolver a humanidade aos negócios. Aristóteles chamou de quididade. Nietzsche chamou de porquê. Disney chamou de mágica. Kennedy chamou de Lua. Desde os primórdios do pensamento humano, o propósito tem sido guia, inspiração e razão para crermos em algo maior. Ao pensarmos na organização do século XXI, o comércio não mais se baseará em transações, mas sim em transformações, e passará da competição à cooperação. E os frutos colhidos estão na raiz, na base, no que é essencial.

O propósito nasce da interseção da empresa com a necessidade do mundo, com o foco em atender as pessoas. Assim, uma das maneiras de encontrar o propósito é por meio do *design thinking*. É uma forma de pensar e agir com foco no ser humano, pois ele é o centro das ações para encontrar soluções para os negócios. É pensar fora da caixa, é uma mudança de perspectiva, é uma transformação de "como podemos vender mais" para "o que nossos clientes desejam e como podemos ajudá-los verdadeiramente?".

O *design thinking* é a abordagem para resolução de problemas complexos centrada no ser humano, baseada em empatia, colaboração e experimentação. Representa o resultado do que é desejável pelas pessoas, rentável para o negócio e tecnicamente possível. É realizado em três grandes etapas:

- A primeira é a **imersão** para entender o problema, o que corresponde à fase da empatia, de nos colocarmos no lugar do cliente para conhecê-lo melhor, ouvirmos qual é o seu desejo e como podemos atendê-lo.
- A segunda é a etapa da **ideação**, a partir da análise e da síntese realizadas após a imersão, e em conjunto com outras pessoas, de maneira colaborativa. É quando surgem os *insights* e as ideias são formadas por meio do encontro de pessoas, utilizando a ajuda mútua.
- A terceira e última etapa é a fase do experimentar, da **prototipação**, pois *design thinking* representa o testar, com a liberdade de errar, o caminho para acertar e condições para as ideias evoluírem na prática.

Ter um propósito e dar significado às ações indicam o porquê de fazermos as coisas. Essa é a base para o sucesso nos negócios. No livro *Organizações exponenciais*, Salim Ismail, Michael S. Malone e Yuri van Geest indicam que as empresas hoje precisam ter algo que vá além de sua missão, precisam ter o seu Propósito Transformacional Massivo (PTM), o que ajuda a mudar o mundo. Assim também acontece com as pessoas com um propósito autêntico, que fazem a diferença no mundo.

Nesse sentido, é essencial um alinhamento entre o propósito dos profissionais e o da organização, colocando a pessoa certa no lugar certo. Como mencionei anteriormente, as pessoas precisam sair do modo "fazer por fazer" e ir em direção ao entendimento do "porquê" de fazerem as coisas, dando sentido ao seu trabalho e aos resultados como um todo, em sua carreira e para a empresa.

O primeiro passo para a realização de um profissional é descobrir o que é essencial em sua vida a cada etapa da carreira. Esse deve ser o foco principal, seja no trabalho, seja em escolhas na vida pessoal. Depois disso é que vem o planejamento de como será feito. É o momento do ajuste para saber como será conduzido todo o processo. É a hora de aceitar ajuda – afinal, estamos na era da colaboração.

Embora esse seja o processo natural, as pessoas complicam as coisas, deixando de fazer a escolha essencial em razão do medo de não dar conta do que está por vir. Elas relutam em pedir e receber ajuda, como se isso fosse enfraquecê-las. O que seria do José, no caso que citei anteriormente, se ele não tivesse buscado ajuda profissional depois da conversa que teve com o Daniel, que também o ajudou?

Na vida em família ou em equipe, aceitar ajuda pode representar inclusive maior união, em que as pessoas têm diversos *insights* para entrar em ação. Assim é a onda do *design thiking*. E o mundo ágil é colaborativo, é o caminho para os resultados acontecerem.

Como afirma o renomado *coach* e querido amigo Silvio Celestino em várias de suas palestras, "aceitar ajuda é permitir aos outros se realizarem". Quando você olha por essa perspectiva, abre espaço para a aceitação de ajuda, para a realização, e descobre que não está só. Percebe que há uma rede de pessoas que estão se realizando por meio do processo de ajudá-lo. O olhar nessa perspectiva fortalece também o foco na direção do que é essencial em sua vida. Você substitui as preocupações pelo foco em "por que" fazer. Você segue o seu propósito, como passo anterior e base para o seu direcionamento. As suas escolhas passam a ser fundamentadas no que é essencial, e você consegue descomplicar o processo. O "como" fazer acaba por fluir depois, pelas estratégias traçadas, a partir do propósito fortalecido. Simples assim!

Segundo Reiman, autor do livro *Propósito*, "a Revolução Industrial foi feita com as mãos e a Revolução Tecnológica com as mentes. O próximo movimento, a Revolução Humana, será forjado com o coração. Essa mudança vai requerer que engajemos nosso espírito, libertemos nossa criatividade e deixemos nossa paixão pessoal ter curso livre".

> *Sílvia, uma analista sênior, trabalhava para uma consultoria e era considerada uma profissional extraordinária. Desde que começou, ainda como analista júnior, tinha o interesse genuíno de ajudar as pessoas a se desenvolverem tecnicamente, ensinando tudo o que aprendia. Tinha grande entusiasmo pelas novas tecnologias e aprendia com grande facilidade. A rapidez na entrega surpreendia clientes e colegas. No entanto, o que mais chamava a atenção de seus líderes era o seu interesse em ensinar às pessoas tudo o que aprendia, com uma postura bastante colaborativa.*

AS PESSOAS PRECISAM SAIR DO MODO "FAZER POR FAZER" E IR EM DIREÇÃO AO ENTENDIMENTO DO "PORQUÊ" DE FAZEREM AS COISAS, DANDO SENTIDO AO SEU TRABALHO E AOS RESULTADOS COMO UM TODO, EM SUA CARREIRA E PARA A EMPRESA.

Quando assumiu o cargo de analista sênior, Sílvia percebeu que sentia mais vontade de ajudar os colegas a entregarem os resultados do que ela mesma entregar os seus. Sua trajetória mostrava que sua motivação agora representava muito mais assumir uma liderança do que fazer as entregas diretamente. Ao perceber mudanças em suas atitudes, o líder a chamou para conversar:

— Logo agora que foi promovida, você está desanimada? O que está acontecendo?

— Eu não sei, Gustavo. Percebo que minhas coisas estão atrasadas e assumi novos projetos, com entregas apertadas. Acho melhor indicar alguém para assumir essas atividades, pois acho que não vou dar conta. Não tenho conseguido assimilar o que é necessário para esses programas rodarem.

— O que a deixaria feliz hoje aqui no trabalho?

— Eu não sei. Como está, não está bom para mim nem para você como líder. Muito menos para meus colegas e para a empresa.

— Eu estava querendo que você assumisse uma nova frente de trabalho, mas de outra forma. O que acha?

— Como assim?

— Estamos para receber uma nova demanda de um grande cliente, e isso vai me levar a trazer mais profissionais para nossa equipe. Preciso de alguém que coordene esses projetos e que multiplique conhecimento para o time, dando treinamentos sobre as nossas tecnologias. Assim eles já entram na equipe com conhecimento equalizado. O que acha?

Os olhos de Sílvia começaram a brilhar. Até sua postura mudou. Estava um pouco cabisbaixa, mas após ouvir a proposta de Gustavo endireitou as costas. Foi como se algo tivesse se renovado dentro dela.

Gustavo disse que vinha percebendo as mudanças dela e que tinha passado por isso quando assumiu o primeiro cargo como líder, pois o seu interesse havia mudado. E foi o que viu em Sílvia. Ele estava revivendo a própria experiência de anos atrás.

Ela não entendia ao certo o que estava acontecendo, mas sentiu que o seu entusiasmo era real, quando perguntou ao Gustavo sobre o "porquê" de ele estar fazendo aquela mudança. Quando ele disse:

— É justamente esse "porquê" que vejo em você. A sua carreira hoje só tem sentido se você começar a experimentar uma liderança, mesmo que de maneira informal ainda, pois você acabou de ser promovida para analista de negócios sênior, mas está muito claro o seu propósito. Desde que chegou aqui, eu já observava o seu interesse pelo desenvolvimento de pessoas, mas ainda tinha um caminho a trilhar para assumir esse papel. Você sempre atuou como líder e está cada vez mais próxima de assumir esse crachá, mas esse é o rumo certo.

Sílvia lhe deu um abraço de agradecimento e disse que a postura dele como líder era motivo de ela desejar também ter uma equipe um dia, pois o tinha como modelo.

Independentemente de ter ou não um cargo formal, a partir daquele momento Sílvia já sabia qual seria sua trajetória, que foi validada por Gustavo.

Depois de apresentar esse caso, quero lembrá-lo de que, para atuar nesse novo mundo e ter sucesso, identificar o seu propósito é essencial, é o primeiro passo. É fundamental você se conhecer para seguir em sua trajetória, na trilha que é sua. Muitos líderes podem ajudar, mas o maior líder de sua carreira deve ser você mesmo, assumindo a autoliderança para o sucesso.

Quero ajudar você com duas dicas para começar a sua jornada.
A primeira – responda a estas perguntas:
1. **O que busco na vida profissional?**
2. **Qual o meu chamado?**
3. **O que me dá brilho nos olhos?**
4. **O que mais energiza a mim como profissional e ser humano?**

A segunda – criei uma ferramenta que chamei de "O Melhor de Mim". Respeitando as suas respostas anteriores, responda às perguntas relacionadas a seguir.
Construa o seu "O Melhor de Mim", colocando o seu propósito, o que o mobiliza para a sua realização. A indicação é de que nesse momento você responda às perguntas a seguir, de maneira bem intuitiva, deixando os seus pensamentos e sentimentos fluírem. Depois conclua a **"etapa final"** do último item da lista a seguir.

ETAPA 1 (O QUE): Descreva três habilidades ou qualidades que você sabe que são seus pontos fortes e que você admira.

_____
_____
_____
_____
_____
_____

ETAPA 2 (COMO): Descreva de que forma você sabe que melhor utiliza as suas habilidades descritas acima.

_____
_____
_____
_____
_____
_____

ETAPA 3 (PARA QUE): Descreva dois objetivos que você quer conquistar em sua carreira e um na vida pessoal, de modo que lance mão das qualidades da etapa 1. Pense no que você quer conquistar de maneira específica e realizadora, alcançando os seus sonhos.

_____
_____
_____

ETAPA 4 (O PORQUÊ): Aqui está o valor principal, o seu propósito. Qual o significado de tudo isso para você? Qual o seu chamado? Por que você quer realizar tudo isso? Por que isso é importante para você?

ETAPA FINAL Elabore o seu **"O MELHOR DE MIM"**
"O MELHOR DE MIM é SER... (etapa 1) **POR MEIO** de... (etapa 2). *A partir daí vou CONQUISTAR*... (etapa 3). Tudo isso é muito **IMPORTANTE** para mim porque... (etapa 4)"

_____

_____

_____

_____

Agora que você conhece de modo consciente o seu PROPÓSITO, sistematizado no parágrafo acima (se ainda não colocou no papel, pare agora e faça isso antes de continuar a leitura), uma importante prática para você avançar em relação ao que foi abordado neste capítulo é descobrir a sintonia entre o seu propósito, o da empresa da qual você faz parte e o de seus colegas.

A identificação de pontos em comum leva à construção da confiança entre as pessoas e o consequente aumento de produtividade, quando você se realiza ao sentir os resultados acontecendo, propiciando a predominância de um ambiente feliz.

Isso acontece porque toda mudança começa em nossa mente, a partir do autoconhecimento, da forma como pensamos, sentimos e encaramos os problemas, o que leva às nossas atitudes, com base em nosso comportamento.

É assim também o movimento da inteligência emocional. Ela está associada à maneira como lidamos com nossas emoções internas e à nossa relação com as pessoas. Tudo parte do padrão de pensamentos que alimentamos. Vamos entender como funciona melhor esse processo no próximo capítulo.

É FUNDAMENTAL VOCÊ SE CONHECER PARA SEGUIR EM SUA TRAJETÓRIA, NA TRILHA QUE É SUA. MUITOS LÍDERES PODEM AJUDAR, MAS O MAIOR LÍDER DE SUA CARREIRA DEVE SER VOCÊ MESMO, ASSUMINDO A AUTOLIDERANÇA PARA O SUCESSO.

6 PASSO 2: INVISTA EM SUA INTELIGÊNCIA EMOCIONAL

Investir em sua inteligência emocional pode ser o passaporte para a realização dos seus sonhos na vida pessoal e profissional. Esse era um tema de interesse para as pessoas da área de humanas e hoje, cada vez com maior intensidade, é um assunto buscado pelos profissionais de todas as áreas. Estamos na era da consciência, do entendimento de como a nossa mente funciona. A busca pelo entendimento da neurociência é cada vez maior, o que está diretamente ligado às nossas emoções.

E como fica você nesse contexto? E, sobretudo, o que ganha com isso?

Vamos entender melhor o que é inteligência emocional (IE) para avançarmos nesse assunto. IE é um conceito criado pelo psicólogo Daniel Goleman. Segundo o autor, as pessoas com inteligência emocional são aquelas que conseguem identificar suas emoções com facilidade, lidando bem com elas e com as pessoas. Nesse sentido, ele classifica a IE em dois domínios principais: *competências pessoais e competências sociais*. As primeiras estão relacionadas à capacidade do indivíduo em identificar as próprias emoções, conhecer os próprios limites e possibilidades, ter autoconfiança, autocontrole, de se superar, de ter iniciativa, integridade, capacidade de se adaptar e otimismo. Em contrapartida, as competências sociais estão relacionadas à capacidade da pessoa em se conectar com as demais, de maneira positiva e contribuindo com o seu crescimento. Também é essencial ter empatia, colaboração, capacidade de liderar e influenciar as pessoas de modo inspirador, sabendo trabalhar em equipe, gerenciando conflitos e contribuindo para o desenvolvimento e a transformação das pessoas.

Ao trazer esses conceitos para a essência da simplicidade, é possível perceber que ter inteligência emocional corresponde à sua conexão com o SER, o seu SER na relação com os outros, com as coisas, com o mundo.

Vou apresentar aqui dois pontos fundamentais no contexto da IE, os quais aprofundamos nos treinamentos realizados com base no MAC. Um é aquele bem próximo a você, que diz respeito ao amor que você cultiva dentro de si e por si, e o outro diz respeito ao modo como você aproveita para crescer na relação com o mundo, ao lidar com situações difíceis. O primeiro é a **autoestima** e o segundo, a **resiliência**.

AUTOESTIMA

Autoestima representa o amor-próprio, quando a pessoa se valoriza. Nesse sentido, é importante lembrar que amar é uma atitude. A atitude de amar a si próprio é essencial, o que fortalece a autoestima e possibilita também a boa relação com os outros.

Quando a pessoa decide amar, seu coração se enche de boas energias e a alma se abastece. É um importante salto para o bom relacionamento com as pessoas, pois recebemos de volta tudo aquilo que sentimos em relação aos outros, em forma de gestos e atos.

Ao reclamarmos da necessidade de mudança no comportamento dos outros, devemos pensar que há sempre uma parcela de cada um que pode contribuir para essa mudança. Quando se dá o primeiro passo, colhem-se bons frutos. Como diz uma frase atribuída a Gandhi: "Seja você a mudança que quer ver no mundo".[2]

Quero convidá-lo a pensar por alguns minutos e escrever sobre:

1º - Em uma escala de 0 a 10, como está seu amor por você? Como você se vê? Pontue e escreva sobre isso nas linhas a seguir:

_____

_____

_____

_____

_____

Gostou do resultado que viu? É essencial, em primeiro lugar, reconhecer o que você tem de positivo. Garimpe até encontrar, pois sempre existe, mesmo que seja o fato de estar vivo e respirar com maestria.

---

2 "Seja a mudança que você quer ver no mundo ", *Cultura da Paz*. Disponível em: <http://www.culturadapaz.com.br/seja-a-mudanca-que-voce-quer-ver-no-mundo/>. Acesso em: 15 maio 2018.

Depois, é preciso dar novos passos, identificando os fatores que podem atrapalhar você, para então eliminá-los, elevando ainda mais a sua autoestima.

Para ajudá-lo a lidar bem com isso, fortalecendo-se mais e mais, quero apresentar alguns inimigos da autoestima. São eles a comparação, a dependência, a tristeza, a insegurança, a procrastinação e o perfeccionismo. Para combatê-los, potencializando o amor por você e a visão que tem, ao se olhar no espelho é fundamental que, em primeiro lugar, tenha como foco **você** mesmo, a sua trajetória; assim vai diluindo o efeito da *comparação* com os outros. Você é a pessoa mais importante do seu mundo. Lembre-se disso!

A *dependência* está relacionada a compreender que enquanto você depende do outro para se amar, se valorizar ou realizar o que deseja, nada acontece. Trazer a autonomia para você é o caminho para esse fortalecimento. Se quero emagrecer, depende somente de mim; então, tenho de ir para a academia em vez de culpar a chuva por me impedir de caminhar.

Você sabe o que o ajuda a mudar o estado de *tristeza* para a alegria? Pode ser uma música ou algum programa que o conecte à sua alegria, como tomar um simples sorvete na esquina. Esteja certo de que, quando entramos em ação, podemos mudar nosso estado emocional.

E é também a AÇÃO que indico para combater os três últimos inimigos: insegurança, procrastinação e perfeccionismo. Tudo o que é novo ou que nos deixa imobilizados pelo medo de arriscar nos traz *insegurança*. Ao entrarmos em ação, esse medo vai sendo diluído.

Aprendi com Anna de Lúcia, minha mentora espiritual, uma pergunta simples e poderosa a fazermos para o medo: "Você vem comigo ou vai ficar aí? Você só não pode me paralisar". Ao fazer isso, você avança, fazendo as coisas acontecerem e deixando de *procrastinar*, não esperando o mundo perfeito para realizar, combatendo assim o *perfeccionismo* que o trava. Dê maior foco no que você já tem e comece a realizar.

Vá em frente, combatendo esses inimigos para potencializar sua autoestima.

Pense agora em algo que você queira muito realizar, no quanto você merece, justamente por alimentar um grande amor por si mesmo, e descreva como se vê no espelho ao entrar em ação. Imagine-se realizando o que você quer, sentindo emoções positivas.

Eu me vejo...
_____
_____
_____
_____
_____

Ao se conectar com você, com as possibilidades de amor que pode alimentar por você, com os sonhos que merece realizar, a vida fica mais simples, pois você vai aprendendo a descomplicar. Ao ouvir a sua criança interior e a sua intuição, você alimenta o amor-próprio.

AO RECLAMARMOS DA NECESSIDADE DE MUDANÇA NO COMPORTAMENTO DOS OUTROS, DEVEMOS PENSAR QUE HÁ SEMPRE UMA PARCELA DE CADA UM QUE PODE CONTRIBUIR PARA ESSA MUDANÇA.

RESILIÊNCIA

A resiliência é um conceito que vem da física. É a capacidade que um material possui de, uma vez submetido à situação de estresse e/ou tensão, voltar ao estado normal. Na área comportamental, representa a capacidade que uma pessoa tem de, uma vez submetida a situações de estresse, conseguir retomar seu equilíbrio interno, aprendendo e crescendo com a situação.

Especialmente no mundo ágil, recheado de desafios, com pessoas de *mindsets* diferentes convivendo na mesma equipe, com a necessidade de aumento constante de produtividade e diversas demandas simultâneas, fortalecer a resiliência é uma importante habilidade para o profissional desenvolver. É saber manter o equilíbrio diante da complexidade, com foco na simplicidade do ser e no seu crescimento.

Aprendi um método extremamente útil que passarei para você agora. Ele nos ajuda a manter esse equilíbrio. É o CIA, concebido por Janet Feldman e citado no livro *Liderança autêntica*, de Kevin Cashman. Cada vez que você enfrentar uma situação ou acontecimento estressante, atinja o seu equilíbrio perguntando-se:

- O que posso fazer para CONTROLAR essa situação?
- O que posso fazer para INFLUENCIAR essa situação?
- O que devo ACEITAR aqui?

É provável que você enfrente um trânsito pesado todos os dias para ir ao trabalho. Nesse caso, quantas vezes você já xingou ou teve vontade de matar alguém no caminho? E aquele dia em que um ônibus quebrou e travou a avenida e você se atrasou para uma reunião com um importante cliente da empresa? Já parou para pensar no quanto perde de energia e saúde com isso?

Agora vamos aplicar esse modelo:

Você CONTROLA o tempo que deve sair de casa fazendo um bom planejamento. Deixa até uma folga de tempo para tomar um café antes da reunião marcada logo cedo. Mas a via que costuma utilizar engarrafa. Você liga o aplicativo de trânsito e navegação para buscar nova rota. Então vê que vai chegar a tempo, pois você INFLUENCIOU, buscou nova alternativa, uma vez que é comprometido e proativo. Você é uma pessoa que faz acontecer e não se acomoda.

Mas, de repente, um ônibus quebra em uma grande avenida do seu percurso, e o aplicativo de trânsito começa a reprogramar o tempo, acrescentando mais 5, 10, 20 minutos... indicando mais de uma hora de atraso. Você já percebeu que não chegará a tempo para a reunião. Ter um infarto vai resolver a questão? E gritar a ponto de os motoristas vizinhos constatarem que tem mais um estressado surtando ao lado? Nada disso poderá ajudá-lo.

Agora é o momento mais sábio neste mundo moderno: é a hora de ACEITAR que o cenário mudou. É o momento de flexibilizar e negociar com você. Hora de telefonar para avisar sobre o que aconteceu, pois você é comprometido, lembra-se? E de começar a ouvir música, observar a paisagem, prestar atenção em coisas que raramente você tem tempo de olhar.

Uma vez que você não pode mais mudar a situação, é hora de mudar seu posicionamento em relação a ela, pois a questão da IE não está relacionada ao que acontece com você, mas na maneira como você lida e se posiciona diante do que ocorre com você.

Há uma bela frase de Geraldo Rufino, autor do livro *O catador de sonhos*: "Mude o que é possível e aceite o que não pode mudar". E é assim que devemos nos posicionar diante da vida: fazer tudo o que está ao nosso alcance, decidindo aceitar as coisas com toda a positividade e gratidão, quando já não depende mais de nós. E essa aceitação nos traz aprendizados e crescimento. Foi também com base nessa atitude que Rufino prosperou na vida, começando como catador de latas até se tornar milionário.

A beleza da vida está na intenção do olhar. Quando há a decisão de ver as coisas de maneira positiva, a vida flui dentro dessa positividade. Afinal, não mudamos os problemas, mas a maneira como nos relacionamos com eles. E se essa maneira é com o olhar de aprendizados e superação, assim será o resultado de sua vida. É essencial também a entrega, com confiança, diante da vida. Ela é peça fundamental para as pessoas se sentirem bem na relação com os outros.

E você: quer se estressar no trânsito, ter um ataque cardíaco e depois que chegar ao trabalho continuar reclamando sobre o que aconteceu? Quer sair do trânsito e ele não sair de você, ou quer lidar com a situação de modo leve, aprendendo com ela? A escolha é sua!

Aplique esse modelo em todas as situações que o estressam, como a discussão com um colega ao resolver um problema do dia a dia ou até um atraso ou cancelamento de voo. Já passei por isso em diversas situações. Já tive momentos de desejar matar o profissional da empresa aérea e quase morrer de raiva, mas nada mudou. Depois de conhecer esse modelo, passei novamente por esse tipo de situação e consegui manter a calma e o equilíbrio, negociando uma mudança de voo.

Você pode estar pensando: Susanne, isso não é fácil de fazer, de mudarmos da noite para o dia. Pois é, pode não ser fácil, pois requer treino para modificar o comportamento e a nova forma de se posicionar. No entanto, posso afirmar que é simples e que agora você já tem um bom método para fazer isso.

Conheço um episódio que tinha tudo para ser um caos, mas se transformou em aprendizado em virtude do caminho que nosso personagem aqui, Eduardo, escolheu.

Eduardo era um programador que escolheu a carreira de tecnologia por sua habilidade em mexer nos computadores, desde que tinha 10 anos. Era aquele menino que ajudava os familiares a resolverem os problemas que surgiam. Todo final de semana ia à casa de alguém ajeitar uma máquina. Ficou conhecido não somente na família, mas também entre os vizinhos, e começou a cobrar pelos serviços. Era considerado um nerd, pois usava o dinheiro que ganhava para comprar jogos e não fazia nada além disso para se divertir. Andava sempre desarrumado e se achava esquisito. Em seus pensamentos, era o patinho feio da família, que só servia para consertar computadores.

Ele tinha dificuldade de se relacionar com as pessoas. Quase sempre se mantinha calado e quando falava era de maneira ríspida. Seu quarto era o único lugar onde se sentia confortável. Sentia desejo de fugir das pessoas, pois achava que gente só atrapalhava. O que ele queria mesmo era viajar pelo mundo das máquinas, encontrando solução para os problemas, ajustando uma peça, instalando um software e evitando a convivência com as pessoas.

No colégio era visto como um bicho do mato assustado. Ao entrar para a universidade, ficou feliz ao encontrar diversos colegas parecidos com ele, em sua maioria homens. As poucas meninas que havia na sala eram mais reservadas. Alguns alunos interagiam entre si, marcando campeonatos de jogos em aplicativos.

Os anos na faculdade se passaram, e Eduardo iniciou um estágio em uma empresa inovadora, que começou como uma startup. Seu propósito era levar diversão para crianças e adultos por meio de jogos para mobile. Foi nesse primeiro estágio que Eduardo começou a conhecer um novo mundo. O mundo empresarial, onde ficar trancado no quarto não seria possível. No primeiro dia de trabalho, ele estava inseguro, suando frio. Em seus pensamentos, as pessoas iriam testá-lo e achava que não seria capaz de conversar com os colegas. Isso só aumentava sua ansiedade, deixando-o ainda mais calado e sem ação.

Para sua surpresa, ele foi acolhido por uma simpática profissional e um colega que lhe deu um aperto de mão, dando as boas-vindas. Durante a primeira semana, sua atividade seria passear pelas diversas áreas da empresa e conhecer os outros colaboradores. Embora tenha se sentido acolhido, não gostava da ideia de conhecer pessoas.

No início demonstrou resistência e ficou mal-humorado, mas ele procurava disfarçar, lançando um sorriso acanhado e desconsertado pelo canto da boca.

E na hora do almoço? Que sofrimento! Ter de sair com pessoas que ele ainda não conhecia direito para escolher um restaurante era tão difícil! Tudo dependia de conversas. No fundo, seu maior medo era de falar alguma besteira, de ser julgado, especialmente por sua autoimagem de menino desengonçado.

Na segunda semana, soube que passaria por um treinamento sobre inteligência emocional. Como assim? Para ele, até então, inteligência não tinha relação com emoção. Falar com as pessoas já era desafiador, imagine pensar em emoções.

Eduardo suava frio quando entrou naquela sala que tinha 20 cadeiras organizadas em círculo e diversos materiais espalhados no centro, incluindo imagens impressas em folhas coloridas.

O facilitador do treinamento se apresentou, segurando uma das imagens que tinha disponibilizado para os participantes escolherem. Ele havia pegado a que mais o representava. Pediu que cada um fizesse o mesmo, indicando que qualquer pessoa poderia fazer perguntas para conhecer melhor o colega. Quando chegou o momento de Eduardo se apresentar, ele escolheu uma

A BELEZA DA VIDA ESTÁ NA INTENÇÃO DO OLHAR. QUANDO HÁ A DECISÃO DE VER AS COISAS DE MANEIRA POSITIVA, A VIDA FLUI DENTRO DESSA POSITIVIDADE.

imagem de um garoto sentado em frente ao computador com algumas pessoas ao redor o observando.

E começou:

— Eu sou Eduardo, tenho 20 anos e desde os 10 ajudo minha família consertando computadores. Comecei a cobrar dos vizinhos pelos meus serviços e escolhi a área de tecnologia por gostar de máquinas.

Algumas perguntas foram feitas:

— E essas pessoas ao lado, quem são?

— Minha família e meus vizinhos.

— Por que eles te pediam para consertar os computadores?

— Porque eu já entendia disso naquela época.

— Mas você podia entender disso e não consertar. O que os levava a pedir para que você fizesse os consertos?

— Porque eu gostava de ajudar.

— Ok. Então você é alguém que gosta de colaborar, de ajudar as pessoas. É isso?

— Eu nunca tinha pensado por esse lado, mas é isso também.

— E os vizinhos, que poderiam levar o computador para outra pessoa... Por que pediam e pagavam por seu trabalho?

— Porque confiavam em mim.

— Muito bom, Eduardo. Você está dizendo que gosta de ajudar as pessoas e que elas confiam em você. Concorda?

— Concordo, embora não visse por esse ângulo antes.

— E como você se sentia?

Eduardo falou de maneira espontânea, relaxando os ombros:

— Nossa! Eu ficava muito feliz, pois sentia que as pessoas gostavam de mim e me admiravam. Eu nunca tinha pensado nisso, mas vejo agora que era o que mais importava, muito mais do que o dinheiro que recebia.

Depois de sua apresentação, aquele garoto de TI foi sentar-se em sua cadeira refletindo, pela primeira vez em sua vida, sobre algumas de suas qualidades. Sentiu uma alegria enorme e começou a se olhar de outro jeito. Um olhar que ia além do menino tímido e retraído, mas de alguém que tem muito valor. Ele passou a se amar mais.

No intervalo do almoço teve a iniciativa de convidar alguns colegas para ir almoçar. Uma mudança importante havia acontecido com ele.

Durante a tarde retomou os trabalhos normais, aprendendo a lidar com o sistema de desenvolvimento dos aplicativos. Isso era muito fácil para ele, por sua curiosidade e facilidade em aprender.

Os dias transcorreram com um avanço não somente na empresa, mas também em casa. A cada dia Eduardo trazia mais novidades, para surpresa de seus pais. De menino calado, passou a interagir com os vizinhos, tios e primos. Começou a se arrumar mais, de acordo com o ambiente em que trabalhava.

Seu jeito explosivo é que não mudava. Ficava muito ansioso com os pequenos problemas do dia a dia, desde a fila que pegava no metrô até os problemas que surgiam na empresa. Os colegas brincavam, dizendo que ele tinha a habilidade de acionar o "modo brucutu explosivo e de queixas".

Depois de um ano, chegou o momento de sua formatura, e ele poderia ser contratado, mas para isso precisava desenvolver algumas novas habilidades, mais positivas e de relacionamento: as competências sociais.

Em uma reunião com seu coordenador, ficou sabendo que só haveria uma vaga à qual concorriam três estagiários. O fato de gostar muito da cultura daquela empresa e desejar continuar fez com que ele se mexesse, parando para ouvir as pessoas sobre seu comportamento.

Descobriu que precisava aprender a lidar com pressões, pois, além de não resolver os problemas, deixava todos pilhados ao seu redor. Pediu ajuda de uma colega, que lhe indicou um curso para potencializar sua resiliência. Em um mês ele foi contratado, pois passou a lidar com as pressões de maneira mais leve, alcançando resultados.

Eduardo teve a iniciativa de celebrar sua contratação junto com a família e também saiu para almoçar com alguns colegas. A partir daí, aprendeu a lidar melhor com suas emoções, com o relacionamento entre as pessoas, enfrentando os desafios da vida pessoal e profissional com segurança.

A cada recaída ele procurava ouvir as pessoas e se observar mais. Criou o hábito de escrever o que identificava de potencial em *si mesmo, incluindo na lista as conquistas da semana, pelas quais ele era grato.*

Depois de um ano, foi promovido e se tornou referência para outros colegas, que buscavam nele o exemplo da possibilidade de mudanças.

E você, o que acha de escrever uma lista das suas conquistas desta semana? Ao lado de cada item, identifique o sentimento que aquilo lhe proporcionou.

_____
_____
_____
_____
_____
_____
_____
_____

Continue com essa prática, que vai ajudá-lo a se conectar com o seu melhor, desenvolvendo também a sua IE. Ela é base para realizarmos o que desejamos, assim como para darmos conta dos desafios que aparecem. Quando temos uma IE desenvolvida, conquistamos nosso equilíbrio interno, e os problemas que antes eram "monstros" tornam-se "pedrinhas" a serem retiradas do caminho.

QUANDO TEMOS UMA IE DESENVOLVIDA, CONQUISTAMOS NOSSO EQUILÍBRIO INTERNO, E OS PROBLEMAS QUE ANTES ERAM "MONSTROS" TORNAM-SE "PEDRINHAS" A SEREM RETIRADAS DO CAMINHO.

No atual mundo ágil, cada vez mais digital, onde convivemos com uma diversidade de informações e atualizações constantes, acessíveis a qualquer hora e por qualquer pessoa, desenvolver a inteligência emocional passa a ser o grande diferencial para o sucesso do profissional. As empresas buscam profissionais conectados com essa inteligência, além de investirem no desenvolvimento dessa abordagem.

É fundamental que você comece imediatamente a estar atento a que tipo de atitude você tem diante das situações, investir em mudanças e desenvolver sua IE, pois isso permitirá que assuma o protagonismo da sua vida.

7 PASSO 3: O ASSUMA O PROTAGONISMO, OUSE E TENHA ATITUDE

Eduardo, personagem do exemplo anterior, só conseguiu desenvolver a inteligência emocional porque assumiu o protagonismo. Essa é uma importante base do *coaching*, processo pelo qual as pessoas buscam realizar sonhos, transformando-os em metas, em sintonia com seu propósito.

Esse novo mundo demanda dos profissionais a atitude de fazer acontecer, em vez de esperarem que a empresa da qual fazem parte resolva pelo profissional. É importante que as empresas invistam, sim, mas é de cada profissional a responsabilidade de se conhecer e traçar o caminho que o levará à realização. Assim todos ganham. E aqueles que ousam nessa perspectiva são os que se destacam e têm sucesso, ou seja, conseguem a autorrealização. Essa é inclusive *A nova lógica do sucesso*, título do livro de Roberto Shinyashiki, no qual você pode conhecer uma história inspiradora que vai ajudá-lo a assumir o protagonismo para o seu sucesso.

Assumir o protagonismo da própria vida indica ter a responsabilidade de assumir o que se quer realizar, sem culpar os outros pelo que acontece com você. É uma maneira simples de construir a vida que deseja. É sair do modo "deixar a vida passar" em direção a "passar pela vida construindo a própria trajetória".

Quero falar um pouco sobre essa questão de culpar os outros pelo que acontece, passando pela área das crenças.

Crença é tudo aquilo em que acreditamos, é a lente pela qual enxergamos a nós mesmos e o mundo. Ela é o reflexo de nossas experiências desde a nossa infância, na convivência com as pessoas mais próximas, e essas crenças determinam nossas atitudes, nosso comportamento e influenciam em nosso resultado rumo ao objetivo que buscamos. Em razão da educação que uma pessoa recebe dos pais ela pode assumir determinadas posturas. Por exemplo, se sou mulher, posso ter a crença de que mulher não consegue ter sucesso na área de tecnologia por ser uma escolha predominantemente masculina. Enquanto eu permitir que essa crença faça parte de mim, jamais conseguirei ter sucesso. Então, tenho duas opções: continuar pensando desse jeito e culpar meus pais por meu insucesso ou assumir o protagonismo de mudar essa história. Ou seja, para mudar o resultado, preciso transformar também as minhas crenças, identificando aquilo que me limita e transformando-o em crença fortalecedora, pois as crenças podem ser modificadas ao longo das experiências que vamos tendo na vida e do que vamos percebendo que nos desvia de nosso caminho. Simples assim!

Juliana era uma aluna do curso de pós-graduação. Nas perguntas e comentários que ela fazia era possível perceber o seu mindset, pois sua forma de pensar limitava qualquer resultado que desejasse alcançar.

Um dos colegas comentou sobre os critérios de avaliação de desempenho e promoções nas corporações, e a opinião dela era de que a empresa e os líderes manipulavam os resultados e que não adiantava fazer nada para conquistar uma evolução. Era uma pessoa que vivia reclamando da vida, passando sempre a impressão de que os outros eram responsáveis por tudo o que acontecia ou deixava de acontecer com ela.

Era realmente uma pessoa de difícil convívio, pois sua mente parecia uma nuvem negra, poluída. E era aí que residiam suas crenças.

A gota d'água aconteceu na aula sobre coaching e carreira. Eu falava sobre gestão de carreira e importância do autoconhecimento, para as pessoas se posicionarem e ousarem na conquista do que desejam, quando ela levantou a mão e falou:

— Professora, as coisas não são tão simples assim. Crescimento na carreira para mim seria assumir um cargo de gestão, mas isso é impossível de acontecer, mesmo que eu queira. Sabe por quê? Sou da área de tecnologia e, por ser mulher, não terei essa oportunidade.

— Você já pensou em criar essa oportunidade para você? — perguntei.

— Como assim?! As oportunidades aparecem e, nesse caso, não aparecerão nunca.

— Concordo com você, Juliana. Enquanto você pensar assim, elas jamais aparecerão, pois você não acredita o suficiente para criá-las.

Ficou aquele silêncio na sala. Um se virou para o outro, trocando olhares de reflexão, como se estivessem visitando as próprias crenças que os limitavam de conquistar o que queriam.

Ao concluir a aula, convidei Juliana para um café. Quando ela me contou sobre a opinião de seus pais em relação a mulheres na área de tecnologia, ficou mais claro para mim de onde vinha aquela crença.

Conversei sobre a possibilidade de criarmos crenças fortalecedoras, que nos movam na direção do que desejamos, quando percebi uma mudança em seu interesse.

Peguei um pedaço do guardanapo e perguntei no que ela gostaria de acreditar a partir daquele momento. Ela sorriu, ainda na defensiva, e disse: "Quero acreditar que justamente por ser mulher na área de TI, na qual ainda somos minoria, será mais fácil me destacar assumindo o papel de líder".

Pedi que ela anotasse aquela frase em lugares visíveis, como no computador, na agenda, no celular e no espelho em que ela se via todas as manhãs.

Sabe o que aconteceu? O mindset de Juliana foi mudando a ponto de ela acreditar que ser mulher em TI contava a favor para o seu sucesso. Em menos de um ano assumiu a gestão do seu time e, *finalmente, começou a se realizar na carreira. A partir de então, ela teve certeza de que seu futuro estava sempre em suas mãos. Para isso era necessário ousar e inovar seus pensamentos, como base para conquistar o que desejava.*

Ela só conquistou a liderança porque, além de acreditar, passou a ter mais atitudes nessa direção, participando de reuniões estratégicas, pedindo constantes feedbacks a colegas e líderes, o que a ajudou a assumir projetos relevantes.

Juliana poderia ter continuado reclamando da vida, de seu insucesso, responsabilizando os outros por isso, porém ela resolveu mudar. Deu foco a sua autorresponsabilidade, e esse foi o início para alavancar a carreira, conquistando a liderança que fazia parte de seu propósito. Começou finalmente a entender como funciona a conquista da felicidade.

Quais são as crenças que têm impedido você de avançar? Escolha uma e comece sua transformação. Busque investir em um processo de *coaching* ou marque um café com você, para refletir sobre isso. Faça alguma coisa! A sua hora de mudar é agora! Pegue um guardanapo e construa a crença fortalecedora, oposta ao que o limita, e comece a dar os primeiros passos na direção do seu sucesso. Você merece ser feliz, e a mudança começa no seu padrão de pensamento.

Crença que me limita:
_____
_____

QUAIS SÃO
AS CRENÇAS QUE
TÊM IMPEDIDO
VOCÊ DE AVANÇAR?
ESCOLHA UMA
E COMECE SUA
TRANSFORMAÇÃO.

_____

_____

Crença oposta à que me limita, que vai me ajudar a me realizar e ser feliz:

_____

_____

_____

_____

Pratique mais e mais, com outras crenças!

É fundamental entender que os *mindsets* nada mais são do que crenças, que estão em sua mente, e você pode mudá-las. Enquanto lê, pense aonde gostaria de ir e defina qual *mindset* pode levá-lo até lá.

Carol Dweck desenvolveu um conceito muito importante e esclarecedor sobre a maneira de pensar e o comportamento humano: *mindset*, que também é título de seu livro *Mindset: a nova psicologia do sucesso*.

A autora define *mindset* como sendo a atitude mental com que encaramos a vida, nossa mentalidade, nosso modelo mental. Segundo ela, o *mindset* define nossa relação com o mundo.

Dweck constatou que muitas vezes não temos consciência dessas crenças, mas elas têm forte influência sobre o que conquistamos. Muito do que você acredita ser da sua personalidade na verdade é gerado pelo tipo de *mindset* que você desenvolveu ao longo da vida. Os *mind-*

sets são parte importante e significativa da personalidade, com a boa notícia de que podemos modificá-los. A partir do momento que você entende e toma consciência do que é, você pode começar a raciocinar e a agir de maneira diferente. Pode desenvolver novas habilidades por meio de dedicação, esforço e treinamento, mesmo que não possua capacidade inata em determinado assunto.

No seu livro, Carol Dweck se refere aos *mindsets* "fixo" e de "crescimento". As pessoas com **mindset fixo** acreditam que vão morrer com a inteligência com que nasceram, o que dificulta o desenvolvimento, as mudanças e o processo de aprendizagem, sem se esforçarem para mudar. Por possuir essa crença limitante, as pessoas evitam ousar, inovar e assumir desafios com receio de parecerem menos inteligentes que as outras, e acabam se acomodando. Têm medo de fracasso e se preocupam com o que o outro vai pensar, responsabilizando as outras pessoas pelo que acontece ou pelo que deixa de acontecer em sua vida. Tudo isso gera ansiedade, preocupação e pensamentos angustiantes.

Já as pessoas com o **mindset de crescimento** acreditam que sua inteligência melhora constantemente e que o sucesso é consequência do seu esforço e da sua dedicação pelo que quer conquistar. São pessoas abertas ao novo, a flexibilizar seus pensamentos, com capacidade para se desenvolver, crescer e mudar. Elas possuem um nível de satisfação maior na vida e têm mais facilidade de perdoar, deixar a culpa de lado e seguir adiante, na certeza de que o que conquistam é consequência de suas escolhas e de sua dedicação. Sendo assim, quem tem o *mindset* de crescimento tem maior capacidade para identificar seus próprios pontos fortes e fracos, assumindo a responsabilidade por eles, de maneira autêntica.

Vamos exercitar esse talento? Escreva a seguir os seus pontos fortes.
_____
_____
_____
_____
_____

Depois de descrever seus pontos fortes, escreva dois que você acredita que AINDA são pontos fracos e, ao lado, descreva o que vai fazer para começar a transformá-los em pontos fortes. Exemplo: *timidez*, e ao lado escreva: *em vez de esperar meus colegas me chamarem para almoçar, no dia xx/xx/xx vou convidar fulano de tal para almoçarmos juntos.* (É importante que seja uma ação específica, indicando o que você vai fazer, como e quando.)

Vamos então aos seus pontos fracos (a serem desenvolvidos) e suas ações para transformá-los:
_____
_____
_____
_____

Sua atitude será essencial para o desenvolvimento de novas habilidades. Somente por meio de sua ação será possível mudar. Está em suas mãos, e estamos juntos nessa.

Agora quero falar de uma crença que mudou minha vida como escritora, e com certeza será útil a você em diversos aspectos de sua vida, potencializando o seu protagonismo para ousar e ter novas atitudes.

Eu me refiro a uma crença apresentada por Anthony Robbins no livro *Poder sem limites*:

"Não existe essa coisa chamada fracasso, mas apenas resultado."

Quando você aplica essa crença em sua vida, tudo se transforma, de maneira positiva, diante de acontecimentos que parecem ser o fracasso. Pode-se criar um novo significado para tudo, dando novo direcionamento, mudando a estratégia e, acima de tudo, encarando os problemas como uma etapa do processo, que ainda não terminou.

Se para cada acontecimento que traz impactos negativos for dedicado um tempo para fazer uma lista sobre os aprendizados, e sobre como é possível aproveitar melhor a situação, os problemas se tornarão pequenos. Aprende-se assim a contemplar o belo diante de qualquer situação, pois ele sempre existe. E, a partir daí, damos novo direcionamento para o que queremos realizar.

E foi isso que fiz, numa trajetória para chegar até aqui, a conclusão deste livro. Sei que o meu relato vai ajudá-lo a transformar sua vida também.

Eu tinha um sonho: lançar um livro pela Editora Gente. Esse sonho começou quando descobri que a editora era do Roberto Shinyashiki, um especial mestre e mentor que me ajudou e me ajuda a transformar minha vida por meio de seus livros, suas palestras e seus cursos.

Na época eu nem pensava em ser palestrante, mas sabia que participar do seminário do Roberto me aproximaria da possibilidade de ter meu primeiro livro analisado pela editora, pois era um dos bônus do curso. E lá fui eu!

Entreguei o original do livro e, depois de alguns meses, recebi o *feedback* de que eles não tinham interesse em lançá-lo, mas também apresentaram um parecer detalhado, indicando tudo o que precisaria mudar na obra. Deixei o livro na gaveta, após momentos de frustração.

A cada aula que dava, treinamento e palestra, incentivando as pessoas a realizarem seus sonhos, pensava: "Pois é, Susanne. Você incentiva os outros, e o seu exemplo?! Vai desistir de lançar seu livro? Não quer mais ser escritora?". Foi quando deparei com essa crença do Tony Robbins e pensei: "É isso! O 'não' que recebi não é fracasso, mas apenas o resultado até o momento". Então decidi mudar essa história.

Depois de ter revisado todo o livro, voltei à editora. E recebi outro não. Dessa vez já não chorei, pois havia aprendido que não existe fracasso. Flexibilizei e fui em busca de outras editoras. E *O segredo do sucesso é ser humano* foi lançado, tornando-se um best-seller.

Meu sonho de ser escritora foi realizado, mas o de lançar um livro pela Editora Gente ainda estava a caminho. Podia não ser no meu tempo, mas uma hora aconteceria. Escrevi meu segundo livro e novamente o apresentei à editora. Recebi outra negativa para aquele livro, mas saí da reunião com o contrato assinado para este, meu terceiro livro, depois de discutirmos o roteiro da ideia.

Confesso que em diversos momentos tive vontade de desistir, mas a intuição e a força interior falavam mais alto. Ter seguido em frente, fortalecendo-me em cada etapa, não só me proporcionou crescimento, mas fez com que eu me encantasse com o mundo das palestras.

Imagino que você tenha um sonho que deseja realizar. Ainda não deu certo? Lembre-se de que não é fracasso, mas apenas um resultado, uma etapa de sua trajetória. Ao tirá-lo da gaveta, assumindo o protagonismo da sua vida, tenho a certeza de que você vai realizá-lo. Vá em frente, ouse e entre em ação. Você consegue!

Depois que você toma a sua decisão, aparecem pessoas para colaborar, e é sobre esse tema que vou falar no capítulo seguinte.

IMAGINO QUE VOCÊ TENHA UM SONHO QUE DESEJA REALIZAR. AINDA NÃO DEU CERTO? LEMBRE-SE DE QUE NÃO É FRACASSO, MAS APENAS UM RESULTADO, UMA ETAPA DE SUA TRAJETÓRIA.

8 PASSO 4: CONSTRUA UM AMBIENTE COLABORATIVO

Esse é um pressuposto básico do mundo ágil. É a partir do ambiente colaborativo que as coisas acabam por fluir e as pessoas conseguem fazer o dobro na metade do tempo. Eu diria até que a colaboração é o grande segredo.

Juntamente com a era da consciência, estamos vivenciando a era da colaboração. O mundo está em transformação e o ambiente corporativo precisa disso para sobreviver e crescer, dando conta do cuidado com e entre as pessoas envolvidas no processo. É algo tão simples, mas às vezes nós o complicamos. Os seres humanos são os atores principais por meio dos quais todo o resultado vem. E a colaboração é essencial nesse processo.

Para Martin Seligman, padrinho da Psicologia Positiva, uma das principais fontes de realização do ser humano é ajudar o outro, é colaborar, fazer o bem. Quando ele tem essa atitude, está cuidando de si também, está alimentando a própria alma, está se empoderando para conquistar mais e mais.

Ao colaborarmos de maneira genuína, cativamos e conquistamos o engajamento das pessoas. Cativar as pessoas não existe somente entre amigos e familiares, mas também no mundo dos negócios. É a base para todo o sucesso que queremos conquistar na vida.

No livro *O segredo do sucesso é ser humano* apresento abordagens sobre o valor dos relacionamentos, a começar com nós mesmos e com a forma de nos relacionarmos com o mundo, onde a gentileza, o cuidado e a cooperação devem vir na frente. Precisamos começar cativando a nós mesmos, com o olhar de ternura, respeitando nossos sonhos e buscando realizá-los. Um importante sonho das pessoas que fazem parte do mundo corporativo é o de conquistar leveza no ambiente, e cada um pode dar sua contribuição com atitudes mais colaborativas.

É também na relação com as pessoas que conseguimos ser felizes, na vida e na carreira. Não existem negócios sem pessoas, e conviver com elas de modo saudável, cativando-as, é o que torna nosso dia a dia mais leve e prazeroso.

Embora no mundo dos negócios ainda seja mais visível a competitividade antiética, no fundo, a alma das pessoas quer o acolhimento. Para isso, só precisamos acolher o outro, pois é isso o que acabamos por receber de volta. É o resgate de nossa criança interior, com maturidade.

Quando fiz a formação em terapia familiar, ouvi algo do professor e psiquiatra dr. Adalberto Barreto que me marcou muito e nunca mais me esqueci. Ele disse que "precisamos desaprender o aprendido e reaprender o desaprendido". Ele se referia à nossa capacidade de nos desapegarmos do que há de complexo no mundo, trazido pelos adultos, e resgatarmos o que há de mais genuíno e espontâneo na vida, ou seja, a simplicidade, presente na energia da criança. Cativar as pessoas é uma delas.

Existe hoje um comando automático na mente dos adultos que diz: "Eu não tenho tempo" ou "Está tudo muito corrido". Para onde será que estamos correndo, e aonde queremos chegar, se nem paramos para desfrutar o presente?

Substituir a frase "eu não tenho tempo" por outra como "eu vou aproveitar melhor o meu tempo com as pessoas e cativá-las" pode representar um salto em qualidade de vida. É a partir dos pensamentos que as pessoas direcionam a vida, como já foi dito aqui. Lembra-se daquela cadeia? É a ela que me refiro: o tipo de **pensamento** que alimentamos leva à determinada **emoção**, o que me faz entrar em **ação**, a qual me levará a um **resultado**.

O fato é que hoje vivemos no mundo da correria. Quando fica uma lacuna de tempo, volta-se a correr para preencher com atividades que muitas vezes nada agregam. Passar mais tempo de qualidade com as pessoas, desfrutar a boa companhia, é uma forma de alimentar a vida de ternura. Essa é uma importante base para gerar sinergia, para que a colaboração aconteça. Escutar ativamente o outro, olhar nos olhos dele, demonstrando quanto é importante, é um ato grandioso praticado pelos sábios.

Experimente desfrutar o abraço do seu filho, andar de mãos dadas com seu amor, com calma, sentindo a conexão de alma entre vocês. Permita-se ouvir as pessoas atentamente no ambiente de trabalho e você verá que pode se conectar com mais vida em seu dia a dia. Saia com seus amigos com o simples propósito de se divertir. Aproveite para falar de assuntos que vão além do trabalho ao almoçar com seus colegas da empresa. Desacelere e ganhe mais tempo com as pessoas! Atitudes assim contribuirão para cultivar a colaboração na hora de "pegar no batente", pois serão estabelecidas novas conexões entre as pessoas.

É preciso ter em mente que há um fator importantíssimo nesse processo. O ambiente colaborativo gera confiança, pois o cérebro registra que as pessoas estão com você para ajudá-lo e desejam que o melhor lhe aconteça. Logo, elas querem o seu bem.

De acordo com matéria publicada na revista *Exame*,[3] "o economista e neurocientista Paul Zak, diretor do centro de estudos em Neuroeconomia na Universidade Claremont, estuda desde 2001 a relação do hormônio ocitocina – estimulado em equipes nas quais os integrantes confiam uns nos outros [...]". Ainda de acordo com a matéria, Zak afirma que descobriram que esse hormônio é a base das relações de confiança, e que a confiança gera lucro. Nesse sentido, novos estudos sobre o cérebro inspiram grandes empresas a repensar a maneira como procuram formar equipes de alto desempenho. A empresa Google busca decifrar a fórmula de equipes que dão bons resultados. As pesquisas já realizadas apontam que os bons resultados estão relacionados "sobretudo a como as pessoas se sentem na dinâmica do trabalho, influenciadas por aspectos como a frequência e a clareza do *feedback* entre chefe e subordinado

---

[3] SCHERER, Aline. O segredo dos funcionários mais produtivos. *Exame*, 15 fev. 2018. Disponível em: <https://exame.abril.com.br/revista-exame/a-quimica-da-mente-produtiva/>. Acesso em: 19 mar. 2018.

e até mesmo pelas expressões faciais nos diálogos. A fórmula gira em torno do que foi batizado de 'segurança psicológica'. Em outras palavras, quando os funcionários estão à vontade para expor opiniões sem ser alvo de críticas, sentem-se livres de ameaça, são informados sobre o que se espera deles e ficam confortáveis em pedir ajuda".

Mariana era uma profissional de marketing, bem focada em suas atividades e especialista em mídias digitais. Produzia como ninguém, passando madrugadas acordada em decorrência de seu entusiasmo pelas entregas. Ela vibrava com cada detalhe do que fazia, mesmo que isso custasse o cuidado com a saúde, poucas horas de sono e alimentação ruim. Tudo o que fazia era com perfeccionismo e excelência. Trabalhava em uma agência digital havia pouco mais de dois anos, com uma equipe de mais 20 pessoas. Seu relacionamento com as pessoas era bom, mas ela vivia em seu mundo, sem receber nem oferecer ajuda. Acreditava que cada um deveria ter a responsabilidade por fazer a sua parte, e muito bem.

Aquela equipe tinha pessoas de diferentes perfis: uns mais criativos; outros, sensíveis, e até os racionais, que atuavam no setor financeiro. Uma área da empresa não estava trazendo bons resultados. Era composta de pessoas com o perfil competitivo, mas de maneira destrutiva. Os clientes passavam informações que eram omitidas aos colegas, com o intuito de passar na frente do outro, pois acreditava-se que esse era o caminho para gerar melhores resultados. A área era a responsável pelo relacionamento com os clientes, ouvindo as demandas deles para transmitir ao restante da equipe.

A agência começou a ter prejuízos e por isso demitiu 30% dos colaboradores. O clima ficou pesado, com o medo e a insegurança pairando no ar. A performance caía a cada dia. Cortar despesas e diminuir custo com pessoal de nada adiantou. Mariana, que carregava o mundo nas costas, começou a adoecer, pois os dias e as noites já não eram suficientes, especialmente depois de tantas demissões. Por sua competência, ela se manteve no cargo, mas a sobrecarga de trabalho a estava matando a cada dia.

Marcos, dono da agência, certo dia foi almoçar com um colega, dono de outra agência, quando soube que ele fora premiado como destaque do ano. Ao perguntar qual era o segredo daquele sucesso, seu amigo falou sobre os métodos ágeis. Disse que num seminário da área de marketing digital ouvira falar sobre essas metodologias e então resolveu contratar um especialista para implementá-las em sua agência.

Explicou que a base para o aumento da produtividade da equipe e o consequente sucesso da empresa ocorreu a partir da mudança de uma cultura competitiva para uma mais colaborativa, com comunicação "face a face" e constante, em que as pessoas se ajudam entre si, com cada uma assumindo a autogestão a partir de uma postura de maior protagonismo. Ele se referiu a três papéis dentro dessa perspectiva:

- **Scrum Master**, responsável por eliminar os impedimentos e ser um facilitador do processo.
- O **Product Owner (PO)**, que entende do produto ou dos serviços prestados e é responsável por estabelecer uma boa comunicação entre o cliente e todo o time, de maneira colaborativa.
- O **Time**, que atua com o objetivo comum de entregar com agilidade e atender o cliente com excelência, mesmo diante de diferentes habilidades.

A clareza desses papéis e a consciência da interdependência entre as pessoas e suas atividades eram um importante caminho para o sucesso. Ele acrescentou que a interação entre as pessoas e o clima colaborativo foram o grande diferencial para o sucesso.

Marcos pediu ajuda. Então, ele e seu amigo começaram a implementar o Scrum na agência de Marcos. Depois de três meses, os resultados começaram a aparecer. Bia, profissional de TI da agência, ficou responsável por conhecer mais da metodologia e tirar as certificações necessárias. Descobriu que desenvolver as soft skills da equipe seria o grande diferencial, e contrataram uma consultoria para aplicar o Modelo Ágil Comportamental (MAC) com eles. Além dos resultados, conquistaram Mariana para ser mais colaborativa e multiplicar seus conhecimentos para o time. O impacto do seu trabalho ganhou uma escala impressionante e sua vida ficou mais leve.

Seis meses depois eles estavam contratando mais oito profissionais, pois o aumento de produtividade e a excelência do *atendimento aos clientes eram visíveis, o que atraiu o triplo do que já tinham. Eles passaram a inspirar confiança nos clientes externos, pois era o que colhiam a partir do que cultivavam com os clientes internos.*

Trabalhar naquela agência tornou-se o desejo de muitos profissionais, já que o mercado sabia que ali ganhavam tempo, um tempo para aproveitar o presente e celebrar as conquistas. A entrega era encantadora, cada um se dedicava de corpo e alma, com comprometimento e felicidade.

Observamos assim **o poder que um ambiente colaborativo tem** para gerar confiança e um relacionamento transparente, em que as pessoas se entregam. Esse é um importante caminho para ocorrer a entrega de excelência, seja de produtos, seja de serviços.

E, nas entregas de sua vida, tenha a certeza de que há muitas pessoas que querem colaborar com você. É provável que você já tenha realizado muito a partir da colaboração dos outros. Vamos fazer uma listinha e se conectar com essa energia?

Liste três conquistas suas que considera significativas nos últimos doze meses e ao lado escreva o nome de uma pessoa que tenha colaborado para cada um desses acontecimentos.

_____

_____

_____

_____
_____
_____

Depois de degustar essas conquistas, pense em quanto você pode colaborar com outras pessoas. Busque conectar-se com três delas em seu pensamento. Pessoas que podem estar passando por alguma dificuldade ou querem conquistar coisas especiais no trabalho ou na vida. Escreva o nome de cada uma delas e ao lado descreva como você vai lhes oferecer ajuda para essas realizações.

_____
_____
_____
_____
_____
_____

Com base na afirmação de Martin Seligman, apresentada no início deste capítulo, tenha a certeza de que você vai se realizar tanto quanto essas pessoas ao ajudá-las. Independentemente de assumir um cargo de gestão, o mundo ágil tem demandado dos profissionais a autogestão e uma postura de líder servidor. Agindo assim, você assumirá esse papel com competência e maestria.

9 PASSO 5: LIDERE DE MANEIRA HUMANIZADA

Em meio a todas essas mudanças que estão acontecendo, as quais definem o futuro do trabalho com uma gestão cada vez mais horizontal, há um movimento de transformação na postura dos líderes. O padrão "comando e controle", em que o líder dá as ordens e diz exatamente o que e como as coisas devem ser feitas, já não funciona mais. No entanto, alguns insistem em atuar dessa maneira.

Quando o gestor age desse modo, em geral o time se acomoda em aguardar os comandos, e assim é mais difícil ocorrer engajamento, uma vez que as pessoas não se sentem participantes ativas dos processos, apenas fazedoras. Em contrapartida, a atuação mais humanizada, do líder servidor, leva o time a se engajar mais, a se motivar e a contribuir de modo proativo.

Cinco importantes maneiras para o profissional desenvolver esse estilo de liderança dizem respeito a:

1. **liderar por meio de perguntas;**
2. **exercitar o *feedback* constante, incluindo o reconhecimento;**
3. **celebrar cada conquista;**
4. **exercitar a empatia;**
5. **ser exemplo (especialmente).**

Vamos falar de cada uma delas. Detalhes simples que fazem a diferença e preparam o líder para o novo mundo do trabalho!

Para **liderar por meio de perguntas**, o líder precisa saber quais são as fracas e as poderosas, para utilizar somente o segundo tipo. Perguntas fracas são aquelas que levam as pessoas a se sentirem culpadas, abrindo espaço para justificativas. Quando isso acontece, a pessoa racionaliza, e nada vai mudar. Quando o líder age dessa maneira, está ajudando o outro a levar o *mindset* para o passado, focando o problema. São as perguntas do tipo "por que" em algumas situações. Exemplo: "Por que você não cumpriu o prazo?". Responder a essa pergunta vai ajudar em algo? Não!

Perguntas poderosas são aquelas que levam à ação e focam a solução, tais como "o que", "como" e "quando". Exemplos: "O que você vai fazer para cumprir o prazo da próxima vez?"; "Em razão de não termos cumprido o prazo, como vamos conduzir essa questão diante do cliente?"; "Quando vamos ajustar o projeto e dar um novo direcionamento a ele?".

E como ficam as perguntas do tipo "por quê"? Elas são sempre fracas? Não! Elas são muito poderosas quando investigam valores e propósito: "Por que é importante entregar esse projeto no prazo?"; "Por que você escolheu a área de tecnologia para construir sua carreira?".

Ao fazermos essas perguntas poderosas, as pessoas que respondem se sentem participando das decisões, sentem-se valorizadas e assumem a responsabilidade, com maior engajamento. Além disso, essas questões ajudam a ampliar a visão sistêmica de quem pergunta, pois vai aprendendo novas possibilidades que antes não imaginava. Detalhes simples que fazem a diferença.

Gosto, inclusive, de afirmar que diante de diversas ferramentas que temos no processo de *coaching* as perguntas são as principais. Saber fazer a pergunta certa é o que vai definir o sucesso no processo e o suporte para a mudança de *mindset* do cliente, ou seja, o *coach*, levando-o a dar foco na solução.

O líder que faz perguntas poderosas atua como um *líder-coach*, ajudando as pessoas a se desenvolverem e a encontrarem soluções, resolvendo problemas.

Exercitar o *feedback* constante, independentemente da avaliação de desempenho, é outro importante caminho no processo de humanização da liderança. Esse é um ponto relevante a discutir. A forma como tem sido praticado o *feedback* – somente no momento da avaliação e para dizer que cumpriu o dever – faz com que as pessoas vejam esse processo como sinônimo de *feedback*, e isso não é verdade.

Quando dou aula ou treinamento sobre *feedback*, costumo perguntar às pessoas sobre o seu significado, e muitas se referem à avaliação de desempenho. Esse equívoco ocorre justamente porque o *feedback*, em vez de ser praticado no dia a dia e de modo espontâneo, só é usado para avaliar as pessoas e às vezes para "colocá-las no paredão": promovido ou não promovido!

Richard Williams, autor do livro *Preciso saber se estou indo bem!*, afirma que o *feedback* é tão importante quanto o ar, a água e o alimento, que precisamos dele para a nossa sobrevivência, como referenciais diante do mundo. É uma forma de ajuda nas relações humanas, tanto pelo reconhecimento quanto pelo redirecionamento de comportamento.

A prática do elogio é uma forma de reconhecer, e, quanto mais utilizado, mais motivados ficam os profissionais. É uma maneira de reforçar a continuidade de comportamentos positivos. Quando esse reconhecimento não acontece, muitos deixam de ter boa *performance*.

É essencial lembrar que o *feedback* é uma ferramenta importante no processo de avaliação, mas não deve ser praticado somente nessa situação. Outro ponto que não pode deixar de ser abordado é que no mundo ágil, cada vez mais humanizado e colaborativo, a avaliação de desempenho começa a deixar de existir. Ela é substituída por outras ações, nas quais o *feedback* se faz presente e é dado por diversas pessoas, não somente pelo gestor.

É assim em uma empresa do ramo financeiro e esportivo, criada por João Paulo Pacífico, CEO e autor do livro *Onda azul*. Eles realizam rodadas de comunicação, em que um profissional vai receber *feedbacks* de colegas e líderes, com o mesmo impacto. O intuito é de que cada um tenha consciência de suas atitudes positivas e daquelas que precisam ser aprimoradas ou redirecionadas para o próprio crescimento, assim como para melhorarem seu impacto na empresa e no time. Por falar em impacto, essa empresa já movimentou mais de 15 bilhões de reais em nove anos, com menos de 60 colaboradores.

Nessas rodadas há o cuidado de também reconhecer. Essa é uma prática constante nesse grupo. Sabe como é o plano de carreira deles? Começa a partir da felicidade dos colaboradores, quando são ouvidos, e passam a implementar ações especificas que os conectam ao estado de felicidade. Só depois disso começa-se a falar em metas. É a prática de reconhecimento da importância do ser humano na empresa.

João Paulo é importante referência de líder humanizado, um caso de sucesso e ser humano inspirador, de uma humildade e uma simplicidade que nos levam a sentir a grandiosidade do **ser** nessas qualidades.

Ainda sobre *feedback*, uma forma interessante de desenvolver sua liderança é a prática de pedir *feedbacks*, criando espaço para você se conhecer mais, o que potencializa também o vínculo de confiança e conexão com as pessoas.

A terceira maneira de desenvolver uma liderança humanizada diz respeito a **celebrar cada conquista**, brindando ao que foi bom. Esse brinde pode ser em forma de um abraço, um almoço com o time ao final daquele projeto com resultados positivos ou até tomando um sorvete na esquina. Quando fazemos isso, estamos nos fortalecendo para conquistar mais e mais, pois funciona como um exercício de gratidão para a nossa mente. Estudos baseados na Neurociência têm provado que o nosso cérebro não consegue armazenar registros de gratidão e infelicidade juntas. Quanto mais exercitamos a gratidão, mais felizes e em estado de bem-estar ficamos.[4]

Ao celebrar, como forma de agradecimento pelo que aconteceu, você está espantando a infelicidade. Logo, celebrar é atrair cada vez mais a felicidade para a sua mente, suas emoções, suas atitudes e para a conquista de novos resultados. Simples assim!

Outra maneira interessante de desenvolver a liderança servidora é pelo **exercício da empatia**, que consiste na capacidade de procurar colocar-se no lugar do outro para saber o que você sentiria caso estivesse na mesma situação vivenciada por essa pessoa. Representa a compreensão de sentimentos e emoções, com o intuito de experimentar de maneira objetiva e racional o que sente o outro indivíduo.

Existe uma teoria que nos ajuda a praticar a empatia. É a teoria do coco, concebida pelo Ken O'Donnell, palestrante australiano. Ele diz que nós somos como cocos, com uma carne branca por dentro e uma casca, que pode ser verde, seca e de diferentes cores. Já a carne branca é igual nos diversos cocos, o que representa as nossas qualidades inatas, os nossos valores e o nosso potencial para o bem. Ele afirma que essa parte é igual em todos os seres humanos e que a diferença fica na casca, ou seja, no ego, nos aspectos adquiridos. Uma vez que o conflito vem

---

[4] "Expressar gratidão pode mudar seu cérebro", *Galileu*. Disponível em: <https://revistagalileu.globo.com/Ciencia/noticia/2016/01/expressar-gratidao-pode-mudar-seu-cerebro.html>; "Seu cérebro pode fabricar gratidão", *Método Supera*. Disponível em: <http://metodosupera.com.br/seu-cerebro-pode-fabricar-gratidao/> e "Saiba como a gratidão age no cérebro, segunda a neurociência", *O Bem Viver*. Disponível em: <https://obemviver.blog.br/2016/12/26/saiba-como-a-gratidao-age-no-cerebro-segundo-a-neurociencia/>.

das nossas cascas, ou seja, de nossas diferenças, ao identificarmos os pontos comuns com os outros é o momento que gera a empatia.

Sendo assim, ao perceber um conflito com alguém, garimpe e identifique pontos comuns que tenha com essa pessoa e os quais admire em si mesmo, o que vai gerar empatia. Isso aproxima e gera conexão. É um processo que começa em nossa mente e nos ajuda a dar um novo significado, mais construtivo, ao relacionamento humano.

Praticar a empatia no ambiente de trabalho é potencializar a sinergia, gerando conexões positivas. É enxergar o que existe no outro que é igual em você. É enxergar o ser humano por trás do crachá, independentemente dos crachás. É valorizar você e o outro, como ser humano, exercitando a humildade. Nesse sentido tive duas experiências com líderes inspiradores: Pedro Chiamulera e José Belchior Monteiro, que surgiram da interação em sala de aula. Ser professora é um presente em minha vida.

O primeiro é CEO de uma empresa que trabalha com segurança de *e-commerce*. Fui apresentada a esse líder por um aluno, o William Awaji. Eu estava dando aula sobre humanização da relação em um curso de MBA na FIAP, quando ele me disse: "Professora, trabalho em uma empresa assim". E fui conhecer a empresa, humanizada, que respeita o ser humano, independentemente do crachá. Vi de perto o cuidado que têm com os profissionais, quando participei de uma roda de discussão onde estavam presentes o diretor da área de pessoas, eu, profissionais de TI e copeiras que serviam o cafezinho. Todos sendo ouvidos e respeitados da mesma forma, discutindo um tema. Em um dia da semana, a empresa faz rodadas

A PRÁTICA DO ELOGIO É UMA FORMA DE RECONHECER, E, QUANTO MAIS UTILIZADO, MAIS MOTIVADOS FICAM OS PROFISSIONAIS. É UMA MANEIRA DE REFORÇAR A CONTINUIDADE DE COMPORTAMENTOS POSITIVOS.

com foco no desenvolvimento dos profissionais. Nesse dia em que estive lá, era o Pedro quem conduzia o trabalho, demonstrando respeito por todos, indistintamente. Ali, foi criado um espaço de valorização do ser humano, de identificar o que há de comum, de onde vem a comunicação.

O Belchior foi meu aluno e depois esteve presente em uma palestra que ministrei. Seja no papel de aluno, seja no de superintendente de um grande banco, ele sempre se posiciona com humildade e bom humor, valorizando as pessoas e exercitando a empatia. Quando o conheci em sala, ele me ajudou a distribuir chocolate para os colegas em uma dinâmica, e entrava no clima da turma, mesmo com a diferença de idade em relação aos demais, o que era motivo de brincadeiras, quando se denominava "o bom velhinho". Sempre com muita espontaneidade e autenticidade. Uma eterna jovem alma com muita sabedoria.

A cada encontro com líderes assim, meu coração é inundado de admiração, como é também o caso do Douglas Duran, ex-boia-fria que chegou à vice-presidência financeira de um grande grupo, autor da autobiografia cujo título é o seu nome.

A quinta maneira de desenvolver uma liderança humanizada está relacionada a todas as outras. Diz respeito a **ser exemplo**, corresponde a fazer aquilo que você espera e deseja que as pessoas façam.

Nesse sentido, trago aqui o exemplo de um líder que inspira o seu time, como profissional e ser humano, assim como a mim, sua *coach*. Ele consegue integrar as dimensões pessoal e profissional. Ele aplica o Scrum na música, com os profissionais da empresa. É o Luiz Adolfo Gruppi Afonso (o Laga), CIO (*chief information officer*, responsável pela área de TI de uma empresa) de uma multinacional. Além de ser reconhecido como profissional, ele montou uma banda com sua equipe, assumindo o papel de baterista. Entre eles há gestores e analistas, independentemente do crachá, mas reunidos pelo foco em um objetivo comum: desenvolverem habilidades, se integrarem e se divertirem, proporcionando também a diversão para as outras pessoas. No Scrum, cada período de trabalho, com uma entrega ao final de duas a três semanas, é chamada de "sprint", e é assim também que eles se referem a cada ensaio e apresentação da banda IT.REX. O mais importante é reunir as pessoas para uma realização. O entusiasmo do Laga é contagiante!

Nesses encontros, cada um assume o protagonismo, seja realizando perguntas que ajudam a dar foco na solução, seja dando *feedbacks* para a melhoria da *performance*. Celebram momentos especiais das pessoas de dentro ou fora da banda exercitando a empatia.

Quando comentei com o Laga sobre me referir a ele no capítulo sobre liderança, ele me pediu, elegantemente, para incluir o nome dos outros componentes da banda: Luciano, Wagner, Dennis, Paulo e Joaquim. É mesmo um líder humanizado, pelo exemplo!

O mundo ágil precisa de mais líderes assim, que inspiram, motivam e ajudam a engajar os profissionais, não somente nas atividades que desempenham, mas especialmente, como pessoas. A consequência de tudo isso é um ambiente de indivíduos felizes no trabalho, de maneira produtiva e colaborativa. Assim os resultados aparecem naturalmente.

Você quer desenvolver essa liderança? Então vamos recordar que para cada etapa é fundamental que você identifique O QUE será feito, COMO será realizado e QUANDO você se compromete a fazer.

Para começar, escreva a seguir o nome de uma pessoa que você vai **liderar por meio de perguntas**, ajudando-a a assumir o protagonismo, com maior comprometimento. É importante lembrar que você não precisa ser um gestor para liderar. Você é líder de seus filhos, pais, amigos, ou mesmo do seu time, pessoas que você influencia e para as quais pode criar oportunidade de desenvolvimento.

Vamos, então: escreva o nome dessa pessoa e uma pergunta poderosa que vai fazer para ela, como um exercício.

_____
_____
_____
_____

Continue praticando mais e mais!

Vamos agora aos *feedbacks*: escreva o nome de duas pessoas, uma que você vai reconhecer e elogiar e outra a qual vai ajudar a mudar o comportamento. Lembre-se de exercitar a empatia, ou seja, falar com o outro da maneira que você gostaria que falassem com você.

_____
_____
_____
_____

O que você sente que **precisa ser celebrado** e você pode criar oportunidade para isso agora? A entrega de um projeto? A entrada de um filho na universidade? As férias tão desejadas? Escolha pelo menos um motivo e celebre, saia com amigos, família ou sente na roda com o seu time. Ou quem sabe esse é o momento de celebrar uma conquista sua, tomando um sorvete na esquina. Escreva a seguir O QUE você vai celebrar, COMO e QUANDO.

_____
_____
_____
_____

Agora é hora de **exercitar a empatia**! Identifique uma pessoa com quem você está tendo algum conflito. Liste três pontos positivos dela, que você também tem e admira. Tenha a certeza de que você ganha em ver a pessoa dessa maneira, pois você está permitindo que ela represente alguma chateação, e pode mudar essa história agora. Observe como vocês podem passar a se relacionar. Vamos ao nome da pessoa e às três qualidades. Depois que fizer isso, marque uma data para tomar um café com essa pessoa, tendo em mente os três atributos. Tenho certeza de que algo vai mudar nessa relação, e você é quem mais vai ganhar.

_____
_____
_____
_____

Esse é apenas o começo para você ser exemplo e inspirar outras pessoas. Quanto mais treinar, mais apurado ficará, propiciando a criação de novos hábitos.

Por falar nisso, escreva o nome de alguém para quem você sabe que é exemplo, identificando no que você inspira essa pessoa. Pode ser uma questão de vida pessoal ou profissional.

_____
_____
_____
_____

Parabéns! Lembre-se de celebrar o fato de inspirar essa pessoa. No exemplo a seguir, veremos que Joaquim aprendeu a comemorar, e é importante que você crie esse hábito em sua vida.

Joaquim era um líder temido naquela indústria, pois fiscalizava o comportamento de cada um do seu time, em um tom arrogante. Além disso, interferia nas outras equipes, criando problemas com seus pares. Ele dava sempre o direcionamento, e tudo tinha que ser do seu jeito.

O resultado de sua equipe era sempre o pior, mas ele não entendia que sua postura interferia nos resultados. Sempre dizia que o problema estava na falta de capacidade técnica das pessoas e encaminhava os profissionais para mais treinamento técnico. Muitas vezes mostrava-se irônico, dizendo que era dinheiro jogado fora, pois as pessoas eram limitadas, por isso não aprendiam. O maior turnover era do seu time. Ele vivia reclamando, dizendo que não tinha mesmo sorte com os profissionais que vinham para ele, e então culpava o departamento de recursos humanos.

Encontrar pessoas para jogar a culpa do seu fracasso era a sua maior diversão. Estava sempre sozinho na hora do almoço, pois dizia que precisava de paz na hora de comer e que as pessoas tiravam essa paz.

Numa certa sexta-feira estava acontecendo um evento, quando alguns visitantes de outras plantas almoçavam na fábrica. O restaurante ficou cheio, e Joaquim se sentiu perdido, sem saber onde sentar.

Sandra percebeu a sua reação e fez sinal, convidando-o para se juntar à sua equipe. Joaquim se juntou a eles, meio sem graça. Sandra gerenciava a produção, área mais desejada pelos profissionais, e era uma líder exemplar exatamente por sua maneira de gerenciar o time. Ela se considerava parceira da equipe, liderava de maneira calma, com o diálogo sempre presente. A prática de feedbacks era constante, como um bate-papo espontâneo, quando as pessoas tanto a ouviam como falavam o que percebiam, sem receio de hierarquia.

Joaquim ficou observando a maneira como Sandra conversava com as pessoas, com alegria e descontração. E pensou: como ela pode ser tão amiga das pessoas e isso não atrapalhar o trabalho? De repente lhe veio um insight: será que esse é o caminho?

Ele nunca se aproximara de Sandra. Então, algo começou a mudar dentro dele. Começou a ter a sensação de que estivera dando murro em ponta de faca até aquele momento. — Tudo bem com você, Joaquim? — *Sandra perguntou.* — Já se inscreveu no workshop sobre a Indústria 4.0?

— Quando será? A cada dia há uma nova invenção, mais um curso para nos fazer perder tempo e prejudicar a produção.

— Você sabe o que é a Indústria 4.0, Joaquim?

— Não. Não tenho tempo para isso.

Sandra sabia dos resultados que a área de Joaquim estava tendo, o que prejudicava as demais áreas. Já tinha inclusive ouvido comentários sobre a possibilidade de ele ser demitido. Ela resolveu ajudar:

— Quero lhe fazer um convite, Joaquim. O que acha de falarmos sobre o tema amanhã no almoço? Tenho certeza de que vai gostar.

Ele nem se reconheceu quando aceitou. No dia seguinte estavam os dois ali novamente.

Sandra começou a falar sobre a Quarta Revolução Industrial, representando a grande revolução da tecnologia, da automação, com processos mais ágeis, eficientes, autônomos e customizáveis. Comentou sobre o sistema de produção inteligente, iniciado na Alemanha em 2011 e divulgado oficialmente em 2013, que representa a presença intensiva da tecnologia nas indústrias. Falou que isso significava mudança nas demandas, a criação de novos modelos de negócio, que iriam atender os clientes de maneira personalizada.

Para isso, o perfil dos profissionais também já não era o mesmo do que o de 5, 10 anos atrás. Seria preciso que houvesse uma mudança de mindset nas pessoas. Dos líderes, demandava-se um papel mais servidor, desenvolvendo o time de maneira colaborativa e com autogestão, para que eles fossem também protagonistas do processo.

Durante todo o almoço, Sandra explicou a importância da implantação da Indústria 4.0, dos avanços que já estavam acontecendo no Brasil e que os profissionais tinham de estar orientados, informados e treinados para acompanhar a mudança de perfil do mercado.

— Com isso vai ter muita demissão? — foi a primeira preocupação de Joaquim.

— Para quem estiver engajado no processo, não. Precisamos mudar nosso mindset, ou seja, nossa mentalidade, para acompanhar esse novo mundo do trabalho. Nós vamos ganhar muito com isso, Joaquim. Então vamos participar desse workshop?

Ele confirmou sua presença, e na semana seguinte começaram a fazer o curso juntos.

Sandra passou a ser uma líder inspiradora para aquele gestor, que aos poucos foi se tornando colaborativo, exercitando a empatia com o seu time. Sandra se disponibilizou a terem uma reunião semanal para discutirem práticas baseadas no que aprenderam no workshop. Além de começar a dar e receber feedbacks, Joaquim passou a ouvir mais a sua equipe, a liderar por meio de perguntas, ousando até mesmo a falar sobre temas pessoais.

Depois de três meses os resultados de sua equipe começaram a aparecer. Ele convidou Sandra para ajudá-lo a realizar uma confraternização pelos resultados, celebrando com seu time.

A mudança foi paulatina, com resultados constantes e fortalecimento da autoconfiança de Joaquim, quando sua equipe passou a se aproximar cada vez mais e a se engajar no trabalho.

Joaquim enviou um e-mail para Sandra agradecendo pela parceria e pela colaboração decisivas na conquista daqueles resultados. No e-mail, copiou seus pares e sua equipe. Ele passou a ser um líder que também inspirava as pessoas.

10 PASSO 6: FLEXIBILIZE, INOVE E DÊ ADEUS AO MEDO DE ERRAR

O mundo mudou, e é essencial que as pessoas mudem para acompanhar esse movimento. O profissional de sucesso hoje é aquele que flexibiliza, com abertura para mudanças, e também sabe inovar. Para isso ele precisa se desapegar do medo de errar. Esse é o primeiro passo para conseguir desbravar e atingir melhores resultados.

Como me referi anteriormente, estamos vivendo um momento em que é necessário desaprender o aprendido (medos) e aprender o desaprendido (coragem) da época em que éramos crianças, quando atirávamos na direção do que queríamos, sem poluir nossa mente com frases "você não vai conseguir", "isto é feio", "você está ridículo nesse papel" e tantas outras que nos reprimem, colocando garras em nossa energia de deixar as coisas fluírem e de assumirmos desafios.

John Maxwell traz em seu livro *O sucesso está em você* o relato de uma pesquisa em que foi realizada uma comparação entre dois grupos de *trainees*: o primeiro recebia bônus de erro, ou seja, poderia ter determinado número de erros, enquanto o grupo dois não poderia errar. Sabe qual foi o resultado desse experimento? O primeiro grupo errou bem menos e teve uma *performance* muito melhor do que o segundo, ou seja, **o medo de errar nos leva ao erro**.

Eliminamos a variável medo justamente quando conseguimos ousar e inovar. Conseguimos, assim, fazer acontecer. Essa é uma atitude fundamental dos profissionais que querem fazer parte desse mundo ágil. Nesse sentido, mudamos nosso *mindset* aprendendo a flexibilizar diante de resultados que não são ainda aquilo que queremos, pois é o momento do experimentar, do errar rápido para acertar rápido.

Esse é o tom do Vale do Silício. Para os profissionais de lá, empresa de sucesso é aquela que já errou várias vezes até acertar, pois ousou e experimentou. É um mundo libertador para a nossa mente, por mais que pareça difícil promover essa mudança, depois de vivermos uma época de avaliações e punições pelos erros, em um mundo de comando e controle. Estamos aqui agora para servir e desbravar novas descobertas, inovando e flexibilizando. O mundo mudou e precisamos mudar.

Viver o agora, o momento presente, é uma importante atitude para darmos conta de tudo isso. Assim nos permitimos errar e virar a página para o hoje, dando novos passos. Kevin Cashman, em seu livro *Liderança autêntica*, traz um importante domínio a ser desenvolvido, com o intuito de conquistarmos a autenticidade. Ele se refere ao Domínio da Mudança, quando lideramos com agilidade. De acordo com Cashman, funciona da seguinte maneira: se queremos estar abertos à mudança, para que as coisas fluam, é essencial vivermos o presente, desapegando-nos do passado, liberando também a ansiedade em relação ao futuro.

Imagine que você está conduzindo um projeto de criação de uma *startup* e começa a implementar uma ideia inovadora, escolhe um nicho de prestação de serviço que vai mudar o mundo. Quando pensa em lançar o serviço, descobre que outra empresa chegou na frente e dominou seus potenciais clientes. Adianta ficar se punindo por isso, dizendo que "poderia" ter lançado antes? Adianta culpar sua equipe? Isso é deixar o seu *mindset* no passado, gastando energia com algo que não vai resultar em nada.

É hora de pensar em um novo potencial e viver o presente, desapegando-se do que aconteceu. O que ocorreu traz, sim, aprendizados, aos quais devemos lançar o olhar, e realizar algo de novo no presente. Pensar também na possibilidade de que no futuro você terá novos problemas vai roubar a sua energia, que deve ser canalizada para o presente. Uma vez detectada a necessidade de mudança de rota, siga em frente por essa nova rota, com foco total no presente, para fazer acontecer.

Desapegar do passado, que só vai levá-lo a sentimentos de culpa, e se desligar de um futuro que ainda não chegou, e que só o leva à ansiedade, é o caminho para você liderar com agilidade, quando verá tudo fluir.

É incrível como, diferentemente das crianças, os adultos sofrem por antecipação e não tomam decisões por medo de errar. Esse comportamento leva à frustração e ao arrependimento. Sem ter saído do lugar por medo, as pessoas se perdem, ignoram seus propósitos, esquecem seus objetivos, ficam paralisadas, acabam por nem mesmo saber quem são, do que gostam de fazer. O medo faz com que não aproveitem os bons momentos que a vida dá.

O que parece tão simples para uma criança é complicado para os adultos – porque eles mesmos complicam. Eles pensam e têm tanto medo do futuro que se esquecem do presente, de fazer o que gostam naquele momento. Depois chegam ao futuro e lamentam.

Há pessoas que tomam decisões em função do desejo do outro, ou deixam de realizar o que querem por causa disso, esquecendo seu verdadeiro propósito. Nossas escolhas devem ser sinceras, sem máscaras, sem medos, mas com base no que desperta o brilho nos olhos. Caso contrário, o cansaço e a falta de energia tomam conta não só do lado profissional, mas da vida como um todo, pois o medo é destrutivo. Se analisarmos a própria palavra "coragem",[5] veremos que ela representa o "agir com o coração", de maneira espontânea. Essa é a nossa essência.

É fundamental resgatar a criança interior que existe dentro de você, entrar em contato com a intuição, com a verdade. Ao fazer isso, você entra em sintonia com o seu propósito na vida. Conquista a liberdade para fazer escolhas de maneira plena, assumindo responsabilidade, com diversão e realização.

Foi assim que aconteceu com Elizete Barbosa, uma líder inspiradora em minha vida. Ela é presidente do Grathi, ONG em que atuo como voluntária há cinco anos, ajudando no fortalecimento da autoestima das

---

[5] Etimologia de "coragem" disponível em: <https://www.gramatica.net.br/origem-das-palavras/etimologia-de-coragem/>. Acesso em: 17 maio 2018. A palavra "coragem" tem sua origem no latim coraticum e possuía o mesmo significado. Esse termo latino é composto por cor, que significa "coração", e o sufixo -aticum, que é utilizado para indicar uma ação referente ao radical anterior. Coraticum seria, literalmente, ação do coração.

mães de crianças e adolescentes que chegam a São Paulo para tratamento de câncer, paralisia cerebral e tantas outras enfermidades. Elizete trabalhava no Hospital Albert Einstein e percebia que as pessoas que recebiam cuidado filantrópico eram tão bem atendidas quanto os pacientes particulares, mas as condições daqueles que vinham de outros lugares do Brasil eram precárias, fazendo com que muitos pais permanecessem mais tempo internados, por não terem parentes ou condições financeiras para arcarem com a permanência em São Paulo até o final do tratamento de seu filho.

Ela decidiu, junto com sua irmã, Eliete, fundar o Grathi (Grupo de Apoio ao Tratamento e Hospedagem Infantil).[6] Algumas pessoas diziam que ela estava no caminho errado, pois outras ONGs haviam sido abertas com esse intuito e não tinham reconhecimento público, especialmente por não terem recursos financeiros, mesma situação dela. Outros diziam: "Onde você vai estabelecer a sede do Grathi, se não tem recurso para um imóvel?" ou "Como você vai pagar a conta do próximo mês?". Elizete não se deixou abater pelo medo em razão do passado de fracasso de outras pessoas. Tampouco gastou energia com um futuro que ainda não havia chegado. Ela focou no **poder da simplicidade**: seguiu seu propósito de ajudar aquelas famílias, com humildade para aprender com as experiências passadas e com as outras pessoas.

Elizete viveu e vive o momento presente, o que lhe dá energia para seguir em frente. Pensou em desistir em alguns momentos, quando a dificuldade tomou conta, mas continuou, com a confiança de uma criança,

---

[6] Para conhecer mais sobre a Grathi, acesse: <http://www.grathi.org.br/>. Acesso em: 17 maio 2018.

que simplesmente deseja e sabe que pode conseguir. Ela aprendeu a flexibilizar, levando famílias para a própria casa, quando não tinha dinheiro para pagar o aluguel, e continuou seguindo em frente.

O que aconteceu foi que, depois de tomada a decisão, ela recebeu a ajuda de amigos, profissionais e empresários. O Grathi completou 17 anos e já acolheu mais de 5 mil crianças. Vive de doações e de trabalhos voluntários de pessoas que se engajam nessa causa. Fundaram uma creche que hoje ajuda 137 crianças, muitas delas em situação de vulnerabilidade social.

O Grathi auxilia essas pessoas não somente na saúde e na educação, como também na realização de sonhos. José, que tinha um tumor no pé, sonhava em poder calçar um tênis; Antônio, que usava diversos parafusos na perna, tinha o sonho de usar uma linda calça jeans; Lucas, com paralisia cerebral, sonhava em ser bombeiro; Roberta, que tem um tumor no rosto, quer ser modelo; e Miguel, que andava normalmente e hoje só consegue se movimentar em uma cadeira de rodas, por uma distrofia muscular, tem o sonho de jogar bola. Ao acolher essas crianças e adolescentes e cuidar da saúde deles, o Grathi realiza sonhos. E as pessoas engajadas nesse projeto se realizam e se alegram ao sentir que contribuem na realização desses sonhos. Uma linda missão!

Quando seguimos nosso propósito e flexibilizamos, sem medo de errar, conseguimos inovar e criar estratégias para que as coisas deem certo, seja na área de tecnologia, da educação, da saúde, em grandes empresas, em pequenas *startups*, seja na vida ou na carreira. Fazer isso é integrar-se ao mundo ágil, no qual o poder da simplicidade é a base para o nosso sucesso, em sintonia com a felicidade.

NOSSAS ESCOLHAS
DEVEM SER SINCERAS,
SEM MÁSCARAS,
SEM MEDOS,
MAS COM BASE NO
QUE DESPERTA O
BRILHO NOS OLHOS.

E você, leitor, já se percebeu deixando de realizar seus sonhos, desconectado do presente, quando a atenção está voltada para frustrações e apegos ao passado ou preocupações com o que ainda não aconteceu?

E como estão seus sonhos hoje? Você tem algum sonho a ser realizado, seguindo seu propósito? É hora de focar o presente, desapegando-se do passado e de um futuro que ainda não chegou. É hora de desapegar do medo, inovando, com abertura para flexibilizar nos momentos necessários. Escreva aqui o seu sonho, como e quando você vai dar o primeiro passo para realizá-lo, confiando neste PRESENTE! Tome essa decisão e as ajudas aparecerão.

_____
_____
_____
_____

Quando o medo de falhar surgir, leve para a sua vida esta frase do Tim Brown, CEO da IDEO e autor do livro *Design thinking*: "Falhe muitas vezes para ter sucesso mais cedo".

Há uma história muito inspiradora de um profissional que acompanhei no processo de *coaching*. Tenho certeza de que ela poderá ajudá-lo a realizar seu sonho hoje, no presente.

Alexandre era um empreendedor que cresceu trabalhando com prestação de serviços, dando suporte como instalador de softwares de pagamento e controle de pessoal a diversas companhias. Os problemas eram a falta de organização de sua vida e de sua equipe e o pouco tempo para pensar nas novas etapas de sua carreira. Ia empurrando os negócios a qualquer custo, dentro de um modelo ultrapassado, pois achava que mudar poderia trazer prejuízos.

Quando decidiu buscar o processo de coaching foi por desejar ter mais tempo com a família, que vivia no interior de São Paulo. Quando começamos o processo, alguns de seus sonhos vieram à tona, como lecionar em faculdades. Mas ele ainda não acreditava que era possível. Seu mindset era muito focado no medo de errar. Ele comentava: "Imagine se um dia um aluno me pergunta sobre algo que não sei!". E pensava: "Como o medo nos trava!".

Quando falávamos sobre a importância de inovar sua forma de atender os clientes, organizando melhor os processos, ele se referia ao medo de não conseguir, pois os clientes já estavam acostumados àquela maneira de se relacionar. O mais interessante é que ele investia em tecnologia, adquirindo ferramentas, mas não colocava nada em prática.

Logo na primeira sessão, Alexandre assumiu o compromisso de ficar um dia da semana no interior, longe das demandas diárias, para trabalhar na implantação de um dos sistemas que adquirira. Com isso, experimentaria começar a ficar um dia da semana próximo da família e iniciar a organização de sua "casa", abrindo espaço para a inovação. Ele também assumiu o *compromisso de reunir a equipe para dar um treinamento sobre a nova ferramenta, o que o ajudaria a começar a desenvolver suas habilidades como professor, dando os primeiros passos na direção do seu sonho.*

Antes da segunda sessão, ele me passou uma mensagem dizendo: "Susanne, preciso te dizer que as coisas estão fluindo melhor do que eu imaginava. É impressionante como não tinha visto isso antes. Perdi muito tempo. Poderia ter começado essas ações antes, o que teria me levado a ter mais qualidade de vida e uma relação mais próxima de meu time, reconhecendo a importância de seu trabalho". Foi quando falei:

— *Alexandre, nada é por acaso, e o momento é agora. O que passou passou. Focar o presente é o que vai te ajudar a prosperar ainda mais daqui para a frente.*

Ele flexibilizou o seu padrão de pensamento, com maior foco no presente. De um chefe que assumia toda a responsabilidade sozinho, passou a desenvolver suas habilidades de liderança.

Outro ponto que fazia com que ele sofresse era o seu medo de falar o que era necessário para seus clientes, impondo limites, para que não houvesse tanto retrabalho, o que o ajudaria a cumprir melhor sua entrega. Alexandre descobriu que isso não era um bicho de sete cabeças, mas sim o caminho para conseguir ter mais tempo com o seu time, desenvolvendo-os, o que lhe permitiria delegar com mais confiança e conseguir o tão sonhado passaporte para passar mais tempo no interior.

Depois de três meses no processo de coaching, ele já havia promovido uma pessoa de sua equipe para assumir a gestão do escritório na capital. O treinamento sobre a ferramenta o motivou a reunir seu time com mais frequência, trabalhando temas comportamentais, além dos técnicos. Seu medo de errar quando pensava em um dia lecionar foi substituído pela motivação, pois percebeu que não ter as respostas para as perguntas que surgiam era um caminho para ele aprender junto com as pessoas. Foi libertador para sua mente!

Ao final do processo, depois de quatro meses, Alexandre já conseguia passar mais tempo no interior, permanecendo por apenas uma semana do mês na capital. Seu time assumiu a autogestão e conquistou mais clientes.

Ele já estava dando os primeiros passos para abrir um novo escritório no interior, pois a demanda começou a surgir por lá também.

Alexandre experimentou novas atitudes, o que o ajudou a mudar o mindset do medo de errar para o desejo de explorar novas possibilidades. Ele inovou e prosperou.

Ao contar essa história me lembrei de outro domínio trabalhado por Kevin Cashman, no livro *Liderança autêntica*, que diz respeito ao **domínio pessoal**. Esse domínio se refere à liderança com consciência e autenticidade, um caminho para aprendermos a nos amar e assumirmos quem somos diante do mundo. Nesse livro, é citado o exemplo da Starbucks: quando questionado sobre qual a qualidade mais importante

"NÃO TENHA MEDO DE EXPOR SUAS VULNERABILIDADES. ADMITA QUE VOCÊ NÃO SABE O QUE NÃO SABE. QUANDO RECONHECER SUAS FRAQUEZAS E PEDIR CONSELHOS, VOCÊ FICARÁ SURPRESO COMO OS OUTROS O AJUDARÃO."

KEVIN CASHMAN

atualmente para a liderança, Howard Schultz, CEO da Starbucks, respondeu: "Mostrar vulnerabilidade". Ele aconselha: "Não tenha medo de expor suas vulnerabilidades. Admita que você não sabe o que não sabe. Quando reconhecer suas fraquezas e pedir conselhos, você ficará surpreso como os outros o ajudarão".

Quando mudamos nosso *mindset* do medo para a confiança, aprendemos a flexibilizar e a inovar. Isso leva a melhores resultados também na maneira de nos relacionarmos com nossos clientes, tema do próximo capítulo.

11 PASSO 7: ENCANTE SEUS CLIENTES

Encantar e surpreender o cliente é um importante caminho para o sucesso do negócio. Nesse mundo ágil há uma grande mudança nessa relação, com maior valorização dos clientes. É de onde parte todo o processo. Enquanto antes se produzia e depois se buscava o cliente para vender, hoje ocorre uma inversão: primeiro se ouve o cliente para então produzir algo que vá atendê-lo. Essa é a essência e a lógica do *design thinking*. O foco está no ser humano e em como melhor atendê-lo, para encontrar uma solução ideal e personalizada.

Dentro desse contexto é fundamental conhecer e ouvir bem o cliente. A empatia e a escuta ativa são essenciais. É preciso desenvolver a habilidade para compreender o que o outro está vendo e sentindo a partir da perspectiva dele, e não da própria, buscando entender sua realidade, respeitando como ele é e o que necessita, em vez de oferecer o que já tem de maneira enlatada.

Alguns pontos essenciais são:

1. Conhecer o cliente.
2. Escutar ativamente e exercitar a empatia.
3. Antecipar-se em relação à necessidade do cliente.
4. Assumir o papel de educador.
5. Personalizar o atendimento.
6. Entregar valor para o sucesso do cliente.
7. Surpreender com algo a mais.

Vamos dar um passeio por esses pontos para que você encante o seu cliente.

1. Conhecer o cliente

Quem é o seu cliente? O que ele pensa, sente e quais as suas dores e desejos? É importante conhecer esse universo para poder atendê-lo com excelência. Além disso, você precisa saber o motivo pelo qual ele o procurou ou o porquê de você estar em busca desse cliente, ou seja, qual é o propósito dele na parceria com você. Faça uma pesquisa, entreviste seus clientes ou, simplesmente, pare para ouvi-los de modo atento, como veremos a seguir.

2. Escutar ativamente e exercitar a empatia

Depois de conhecer quem é o cliente, você consegue exercer a empatia. É o momento de estabelecer o *rapport*, ou seja, o respeito, a criação de uma ligação de sintonia com a outra pessoa. Para isso, você precisa escutá-lo, o que pode fazer com os olhos e não somente com os ouvidos. Trata-se de uma observação e de uma atenção genuínas, demonstrando interesse por ele. Faça perguntas que demonstrem seu interesse e ouça mais do que fale, demonstrando receptividade em relação às suas ideias.

Usar o *rapport* não significa aceitar todas as opiniões e se submeter à outra pessoa, mas sim ouvi-la e fazer com que perceba sua compreensão e seu respeito por ela. É importante não forçar, pois o outro percebe e quebra a relação de confiança, reagindo negativamente. Para muitas pessoas isso ocorre de modo natural, sem precisar fazer esforço, mas há técnicas que ajudam nessa prática. A mais conhecida é o *espelhamento*, com a imitação de alguns elementos de linguagem corporal da outra pessoa, como a postura, alguns gestos e expressões faciais. Outra maneira de criar essa conexão é encontrar interesses comuns para estabelecer um sentido de camaradagem e confiança.

3. Antecipar-se em relação à necessidade do cliente

Quando conhecemos o cliente e exercitamos a empatia, temos condições de nos antecíparmos a sua necessidade, conhecendo-o mais do que ele próprio. No fundo, o que as pessoas desejam é sentir-se importantes e especiais, e quando você trata o cliente dessa forma, apresentando algo que verdadeiramente criou para ele, ou percebe que isso lhe cairá como uma luva, comentando sobre detalhes do seu perfil, você o está ajudando a nem precisar pensar para demandar algo.

Em casos de atraso, busque antecipar-se também, já informando sobre os imprevistos com antecedência. Em situações de erro, reconheça rápida e enfaticamente. Quando você age assim, está demonstrando respeito. Em geral, a grande chateação e os conflitos surgem muito mais pelo fato de as pessoas sentirem-se enganadas do que em razão de atrasos ou erros. Fique atento a isso, pois antecipar-se pode ajudá-lo até mesmo a conquistar a confiança do seu cliente.

4. Assumir o papel de educador

Ajude o cliente a escutá-lo e também a ter empatia. Para isso você precisa alinhar todos os pontos, mostrando para ele como funcionam seus processos, para que ele entenda, por exemplo, que fornecer as informações necessárias e em determinado tempo é essencial para que você o atenda bem.

O diálogo deve ser estabelecido, com espaço para ambos falarem e serem ouvidos. É uma relação de mão dupla, uma parceria. Essa ideia de que o cliente tem sempre razão já não cabe no novo mundo. É uma relação colaborativa nos dois sentidos, na qual todos ganham e crescem juntos.

5. Personalizar o atendimento

A personalização do atendimento é um diferencial, pois as pessoas desejam se sentir importantes e especiais. Uma forma simples de fazer isso é chamá-las pelo nome. A neurociência já provou que nosso nome é a palavra mais doce que podemos ouvir, fazendo-nos acionar diversos neurônios e ligações de prazer e alegria quando o escutamos. Contudo, é importante fazer isso de maneira genuína e

USAR O *RAPPORT* NÃO SIGNIFICA ACEITAR TODAS AS OPINIÕES E SE SUBMETER À OUTRA PESSOA, MAS SIM OUVI-LA E FAZER COM QUE PERCEBA SUA COMPREENSÃO E SEU RESPEITO POR ELA.

natural, sabendo que as pessoas merecem se sentir especiais. Se entrar no mecanicismo do nome, sem prestar atenção na pessoa, isso não funcionará. A espontaneidade é essencial para personalizar o atendimento. Busque se interessar verdadeiramente pelas pessoas, e essa será a melhor técnica para atingir seu objetivo.

6. Entregar valor para o sucesso do cliente

A sua venda só é concluída quando o cliente se beneficia, quando ele se realiza e tem sucesso com o serviço que você prestou ou com o produto que adquiriu de você.

Busque realizar seu trabalho com excelência, pedindo *feedbacks* constantes e alinhando novas necessidades para que você entregue cada vez melhor. Seu cliente é quem mais pode ajudá-lo a se desenvolver e crescer, seja por demandar de você, seja por contribuir avaliando o que você entrega. Mais um motivo para escutar ativamente o seu cliente. Assim ele vai também ajudar você.

7. Surpreender com algo a mais

Você pode surpreender o seu cliente com um simples elogio, demonstrando quanto ele é importante e quanto o ajuda no seu crescimento, pois você também aprende com ele. Normalmente o fornecedor é quem sempre tem a expectativa de receber elogios. Quando ele faz isso em relação ao cliente, já está surpreendendo. E o agradecimento? Você já pensou no impacto que um simples agradecimento tem na relação com o seu cliente?

Como você se sente quando faz um pedido de algum produto pela internet, esperando receber a encomenda em 8 dias e, para a sua surpresa, no segundo dia ela chega em sua casa? Que felicidade! Faça isso com o seu cliente. Pode ser por meio de um elogio ou de um agradecimento, ou ao antecipar o prazo ou lhe oferecer um bônus que ele não esperava. Todos nós gostamos de surpresas agradáveis, pois elas engajam e cativam.

De tudo o que você leu sobre encantar o cliente, o que mais chama a sua atenção e você sabe que precisa implementar em sua vida ou em seu negócio? Escreva a seguir O QUE vai fazer, COMO e QUANDO. Tenho certeza de que você é quem mais vai se surpreender com o resultado.

_____

_____

_____

Marina tinha um e-commerce de produtos artesanais. Fazia sucesso graças à qualidade do que produzia. Também tinha uma entrega rápida e suas embalagens demonstravam esmero. Produtos de excelência e logística ágil. Isso fazia com que ela fidelizasse os clientes. Mesmo assim, ela era mais uma empresa em meio a centenas de outras.

Certo dia, Marina recebeu um artigo que comprara em uma loja de produtos esportivos. Para sua surpresa, também veio uma mensagem com o seu nome, desejando que aqueles óculos de mergulho a ajudassem a ter momentos prazerosos de lazer. Ela teve uma sensação tão agradável que logo pensou: "Nossa! No meio dessa correria em que vivo, foi muito especial parar para sentir o que um simples par de óculos de mergulho pode me proporcionar". Ela teve o insight de fazer algo diferente em sua empresa.

Começou realizando uma enquete com seus clientes, desenvolveu um aplicativo que permitia aos clientes experimentarem, de maneira virtual, o prazer que o produto poderia lhes proporcionar, e a cada envio de mercadoria oferecia um mimo personalizado.

Sua empresa foi destaque, passando a ser referência na área de artesanato, além de dobrar as vendas. Passou a ter franquias por todo o Brasil.

Com o aumento da renda e o ganho em escala, treinando e reconhecendo seus clientes internos e fortalecendo a parceria com os franqueadores, passou a usar seus óculos de mergulho com mais frequência. Conquistou o sucesso e mais liberdade!

Quando falamos em clientes, logo associamos a eles a compra ou a venda de algo, mas no fundo nem sempre é o que procuram. Por mais que o mundo do "ter" e do "mostrar que tem" esteja escondendo o verdadeiro valor das pessoas, elas buscam essencialmente o resgate desse valor.

É necessário se conectar com o que importa, com a atenção às pessoas, com gestos simples que demonstram quanto você se importa com elas. A melhor forma de encantar seu cliente é transmitindo esse cuidado, seja chamando-o pelo nome, seja parando para escutá-lo, com interesse genuíno e respeito, seja entregando um serviço de excelência, mas, especialmente, contribuindo para agregar valor em sua vida. A essência da simplicidade está no foco que você canaliza para as pessoas.

Nesse sentido, as primeiras pessoas para as quais você deve canalizar a atenção e o cuidado, praticando esses 7 passos, são as mais próximas, ou seja, os clientes internos. Assim você treinará para melhor atender os seus clientes externos, pois o movimento se dá de dentro para fora. Quando você faz isso, está encantando também a si próprio, com uma nova atitude mental, como veremos a seguir.

12 UMA NOVA ATITUDE MENTAL

É interessante como modificar a atitude mental representa a mudança na maneira de enxergar a vida, como se colocássemos uma nova lupa, um novo par de óculos, e começássemos a ver tudo diferente, como se a vida mudasse.

No meu acompanhamento de *coaching* a profissionais, é muito comum ouvir: "O meu ambiente de trabalho mudou" ou "O mundo mudou". Essas falas surgem a partir da mudança na própria pessoa, em sua forma de pensar, de atuar e de se posicionar, ao se fortalecer na direção de sua realização.

E é a partir dessa mudança de *mindset* que se conquista uma mudança real. Diante de tudo o que apresentei a você neste livro, é possível verificar que o mundo do trabalho está demandando essa mudança nas pessoas, algo que já começou e vai tomar uma dimensão cada vez maior daqui para a frente. Parece que está no inconsciente coletivo, em uma onda que se espalha pelo mundo.

Depois de tanto desgaste e complexidade, **as pessoas buscam hoje a simplicidade, com maior leveza na vida e na carreira**. É o caminho para o aumento de produtividade, o que vimos nos modelos ágeis.

É o resgate de valores como a transparência e a confiança, que são conquistados a partir da mudança de atitude das pessoas, com o desenvolvimento das novas habilidades demandadas nesse processo de transformação digital que estamos vivenciando.

Essa nova atitude mental representa a valorização das pessoas pelas pessoas, pois a construção de um mundo melhor, seja no ambiente de trabalho, seja fora dele, depende dos seres humanos.

A tecnologia faz parte da sua vida, da minha e da de todos, independentemente de qual área pertença cada um de nós. Já vivemos hoje no mundo da **inteligência artificial**, e a tendência é vivermos em cidades cada vez mais inteligentes e conectadas, nas quais a maneira de as pessoas se relacionarem será o maior sentido da vida, será a grande novidade e o que haverá de mais disruptivo. Representa o resgate da simplicidade, o que podemos chamar de "**sabedoria natural**". É isto: para conquistarmos o equilíbrio é essencial juntar a *inteligência artificial* com a *sabedoria natural*.

Será a união da simplicidade com o domínio de teorias e técnicas, pois o avanço das informações e do conhecimento já aconteceu. Já se estabeleceu. O essencial e o diferencial estarão cada vez mais nas pessoas. Como afirma uma frase atribuída a Jung: "Conheça todas as teorias, domine todas as técnicas, mas, ao tocar uma alma humana, seja apenas outra alma humana".

Desenvolver as *soft skills* representa tocar no que há de mais humano nas pessoas, descobrindo o seu potencial e as ajudando a se relacionarem de maneira positiva e produtiva.

O desenvolvimento dessas habilidades começa na decisão de mudar a forma de pensar, com uma nova atitude. O simples fato de decidirmos mudar traz vida para a nossa realidade e para a das pessoas de nosso convívio. Ao modificarmos nossa maneira de pensar, mudamos as nossas ações, e a transformação acontece no mundo.

A partir disso, mudamos o mundo corporativo, consolidando uma nova forma de trabalhar e de se relacionar, com maior produtividade, alegria e felicidade.

13 ALIMENTE SEU DIA A DIA COM ALEGRIA E FELICIDADE

No meio dessas mudanças, há também uma grande conquista, com a mulher assumindo cada vez mais o protagonismo. Considero isso uma conquista dos homens e das mulheres, seja no papel de alguém que ousa, seja no de quem colabora. Todos os líderes homens a que me referi aqui são inspiradores e têm importante papel na colaboração para uma presença mais ativa das mulheres na tecnologia. Como mencionei, me refiro a essa área por ser aquela da qual faço parte nesta etapa da minha vida e carreira, mas sei que é um movimento no mundo de maneira geral.

Gostaria de contar para você uma história que simboliza acontecimentos reais que presenciei em diversos contextos. Relatos de alunas... e – por que não? – também de alunos. De executivas e também de executivos. Representa o meu encantamento pela evolução, com a presença mais ativa das mulheres no mundo do trabalho, trazendo ricas contribuições no processo de transformação digital.

É fundamental entendermos que não há nem deve haver competição entre homens e mulheres, muito menos um lado do mal e outro do bem, mas uma caminhada com todos de mãos dadas. O mundo colaborativo indica que as mudanças se referem ao ser humano, independentemente de gênero, crença, raça ou qualquer discriminação. É um movimento de parceria e evolução.

Ao integrarmos os diversos papéis, ao alimentarmos atitudes maduras nessa direção, temos como resultado alegria e felicidade, com as pessoas celebrando as conquistas de maneira conjunta. É o movimento de tudo o que "debatia" para a "alegria", o movimento da "competitividade" para a "felicidade".

Samantha sempre foi uma profissional guerreira, que não media esforços para entregar o seu trabalho. Ela dizia que "missão dada é missão cumprida". Seu sonho era ser uma profissional da tecnologia, mas a discriminação começava em casa, pois o seu pai dizia que essa era uma carreira de homem e de quem tinha dinheiro, o que não era o caso dela. Esse obstáculo só aumentou sua força em continuar no caminho de seu sonho.

Trabalhava para pagar os estudos, pois, diante de sua escolha, o pai negou qualquer ajuda. Em sua formatura, ele estava presente e muito orgulhoso, pois a convicção de Samantha contagiou o sr. Antônio, influenciando-o na mudança de pensamento.

Quando já estava com a carreira consolidada, Samantha buscou novos desafios quando surgiu a oportunidade de trabalhar em um grande banco. Em uma seleção com mais de 800 pessoas, entre homens e mulheres, para apenas 5 vagas, ela foi uma das selecionadas.

Quando alguém dizia que em TI não conquistaria muito espaço, por ser uma área predominantemente masculina, ela não dava ouvidos e substituía o que ouvia por pensamentos como: "Se desejo e tenho atitude para fazer acontecer, nada vai me impedir de realizar. Pode até não ser no meu tempo, mas sinto que vou conquistar".

E assim conquistava muitos espaços. Ela não estava sozinha, pois sabia que contava com ajuda de muita gente. Em sua trajetória, passou por multinacionais e startups, mas era na área financeira, atuando como profissional de TI, que ela mais se encontrava.

Samantha buscava a parceria de mentores, homens e mulheres, encontrando força na energia feminina, assim como a mentoria de líderes homens que já tinham chegado mais longe, onde ela desejava chegar. Queria assumir uma posição de gestão, mais estratégica.

Nessa etapa, passou por um processo de coaching, no qual potencializou o autoconhecimento. Uma grande descoberta que teve foi de que seu mindset era um diferencial, pois alimentava o seu dia a dia com alegria e felicidade.

Independentemente do que acontecia em sua caminhada, ela estava sempre alegre. Nos piores acontecimentos, dizia: "Tem algo muito bom por trás disso, e ainda vou descobrir, pois quero ter a alegria presente em minha vida". E assim tocava o seu dia a dia. A alegria era seu combustível. Uma energia contagiante!

AO MODIFICARMOS
NOSSA MANEIRA DE
PENSAR, MUDAMOS
AS NOSSAS AÇÕES,
E A TRANSFORMAÇÃO
ACONTECE NO MUNDO.

E a felicidade? Samantha nunca viu como algo a se conquistar, mas a degustar, a cada momento, pois fazia parte de seu presente diário. Ela celebrava e exercitava a gratidão a cada dia.

Ela ganhou uma agenda de um de seus mentores, um líder que a apoiava na trajetória e dizia que as empresas precisavam de mais profissionais mulheres nos cargos decisores, especialmente iguais a ela, para alimentar as empresas com alegria e felicidade. Essa agenda ficava na cabeceira de sua cama, com o propósito de ser visitada toda noite, para o registro de pelo menos três acontecimentos pelos quais ela era grata naquele dia.

Esse líder lhe explicou que, segundo a neurociência, a gratidão alimenta a felicidade, e ela potencializou esse estado de espírito a partir dessa prática diária, como um momento de meditação.

Em menos de um ano, após ter iniciado o processo para a conquista de um novo cargo, assumiu uma gerência. Em poucos anos assumia a superintendência de inovação naquele banco.

Ela teve dois lindos filhos durante esse período e contou, mais uma vez, com a parceria de seu esposo. Amigas que já tinham passado pela experiência de conciliar a vida como mãe e executiva se aproximaram para ajudar. E, em meio a momentos de instabilidade emocional, ela ia se recuperando e transformando tudo em alegria. Celebrava e agradecia por cada passo de seus filhos e por seus passos na carreira.

Porém, algo a deixava muito incomodada: seu salário era inferior ao de colegas pares. Certo dia abordou o tema por meio de um *projeto de inovação. Ela dizia que a inovação não estava somente na tecnologia, mas nas relações e nas atitudes para a transformação digital. E sabe o que aconteceu?*

No meio do projeto havia alguns profissionais resistentes, que olhavam para o seu próprio umbigo, com quem ela tivera diversas discussões. Debates incansáveis. No início ela semeou, sem perceber, uma competitividade destrutiva com os pares homens, e todos queriam derrubá-la. Ao se dar conta do impacto de seu comportamento, em uma das sessões de coaching, Samantha começou a mudar a atitude, exercitando a empatia para entender que para eles aquilo tudo era uma ameaça, pois perderiam o que sempre tiveram. A partir daí, conseguiu fazê-los entender que não perderiam, mas ajudariam as mulheres a também ganhar.

Foi um processo inovador, alimentado com transparência e colaboração, o que gerou confiança.

Nesse projeto surgiu a ideia de lançar um aplicativo que se chamava "somos tão =s quanto +", com o logotipo nas cores rosa e azul. Ele funcionava como uma rede social que tinha como propósito a postagem de fotos que representassem a igualdade na área de TI entre pessoas de diferentes gêneros, fosse em equiparação salarial ou em promoção, assim como exposição em projetos ou direitos em relação à vida pessoal.

O aplicativo foi destaque não somente naquele banco, mas representou um símbolo de grande contribuição para a transformação digital em outras empresas de diversas áreas.

Samantha se sentia cada vez mais realizada, pois, no fundo, o seu grande propósito era transformar o mundo, era contribuir para um mundo melhor, de igualdade, colaboração, transparência e confiança. Ela sentia que estava cumprindo a sua missão, de mãos dadas com tantos outros profissionais. Começou também a perceber que a alegria e a felicidade não eram somente suas. Sentiu que suas atitudes representavam gotinhas no oceano que contribuíam para cultivar a alegria e a felicidade no coração de muitas outras pessoas.

No momento de receber o prêmio de líder do ano, quando sua família participou, ela agradeceu a cada um ali presente, pois todos foram fundamentais para aquela conquista, que não era somente dela, mas da própria transformação digital, na qual o ser humano era a razão maior de todas as mudanças.

Assim como a Samantha foi premiada, desejo que você seja reconhecido pelos saltos que este livro lhe proporcionará, querido leitor, colocando os aprendizados em prática. Desejo que não seja apenas o fim de mais um livro, mas o início de importantes transformações, tomando as rédeas de sua vida ao assumir seu verdadeiro lugar como protagonista.

Quero convidá-lo para caminharmos de mãos dadas na trilha da mudança no mundo, fazendo cada um o papel de construtor que tornará este mundo um lugar cada vez melhor, com a energia da alegria e da felicidade. Estamos juntos!

Abraços afetuosos,

Susanne Andrade

BIBLIOGRAFIA

ANDRADE, Susanne. *A magia da simplicidade*: como ter mais leveza na vida e carreira. São Paulo: Amazon, 2016.

_____. *O segredo do sucesso é ser humano*: como conquistar resultados sensacionais na vida pessoal e profissional. São Paulo: Primavera Editorial, 2014.

BENVENUTTI, Mauricio. *Incansáveis*: como empreendedores de garagem engolem corporações e criam oportunidades transformadoras. São Paulo: Gente, 2016.

BRANDEN, Nathaniel. *Autoestima*: como aprender a gostar de si mesmo. São Paulo: Saraiva, 1992.

BROWN, Tim. *Design thinking*. Rio de Janeiro: Alta Books, 2017.

CABEGGI, Gilberto. *Antes tarde do que nunca*. São Paulo: Editora Gente, 2010.

CASHMAN, Kevin. *Liderança autêntica*: de dentro de si para fora. São Paulo: MBooks, 2011.

CELESTINO, Silvio. *O líder transformador*: como transformar pessoas em líderes. São Paulo: Cengage Learning, 2017.

COVEY, Stephen R. *O poder da confiança*. São Paulo: FranklinCovey, 2008.

CURY, Augusto. *Ansiedade*: como enfrentar o mal do século. A síndrome do pensamento acelerado: como e por que a humanidade adoeceu coletivamente, das crianças aos adultos. São Paulo: Saraiva, 2014.

DURAN, Douglas. *Douglas*. São Paulo: Insular, 2014.

DWECK, Carol. *Mindset*: a nova psicologia do sucesso. São Paulo: Objetiva, 2017.

FURLAN, João Marcelo. *Flaps!* 6 passos para acelerar resultados e decolar sua carreira com a liderança adaptágil. São Paulo: DVS, 2015.

ISMAIL, Salim; MALONE, Michael S.; GEEST, Yuri van. *Organizações exponenciais*. São Paulo: HSM, 2015.

O'DONNELL, Ken. *Valores humanos no trabalho*: da parede para a prática. São Paulo: Gente, 2006.

OLIVEIRA, Claudinei. *7 vícios que destroem a sua carreira*. Curitiba: Íthala, 2016.

OSHO. *A jornada de ser humano*: é possível encontrar felicidade real na vida cotidiana? Tradução de Magda Lopes. 1. ed. São Paulo: Planeta, 2014.

PACÍFICO, João Paulo. *Onda azul*. São Paulo: Trilha das Letras, 2016.

PRIKLADNICKI, R.; WILLI, R.; MILANI, F. (Org.). *Métodos ágeis para desenvolvimento de* software. Porto Alegre: Bookman, 2014.

REIMAN, Joey. *Propósito*: por que ele engaja colaboradores, constrói marcas fortes e empresas poderosas. São Paulo: HSM, 2013.

RUFINO, Geraldo. *O catador de sonhos*. São Paulo: Gente, 2015.

RUFINO, Geraldo. *O poder da positividade*: os 7 princípios para blindar a sua mende e transformar a sua vida. São Paulo: Gente, 2018.

SELIGMAN, Martin E. P. *Felicidade autêntica*: usando a psicologia positiva para a realização permanente. Rio de Janeiro: Objetiva, 2009.

SHINYASHIKI, Roberto. *A nova lógica do sucesso*. São Paulo: Gente, 2015.

SUTHERLAND, Jeff. *Scrum*: a arte de fazer o dobro do trabalho na metade do tempo. Tradução de Natalie Gerhardt. São Paulo: LeYa, 2014.

VIANNA, Maurício et al. *Design thinking*: inovação em negócios. Rio de Janeiro: MJV Tecnologia Ltda., 2012.

VIEIRA, Paulo. *O poder da autorresponsabilidade.* São Paulo: Gente, 2018.

WILLIAMS, Richard L. *Preciso saber se estou indo bem*: uma história sobre a importância de dar e receber *feedback*. Rio de Janeiro: Sextante, 2005.

SUSANNE ANDRADE PREPAROU, EXCLUSIVAMENTE PARA OS LEITORES DESTE LIVRO, DOIS VÍDEOS QUE PODEM SER VISTOS A PARTIR DOS LINKS A SEGUIR:

CONSTRUINDO PROPÓSITO
HTTP://TI.SUSANNEANDRADE.COM.BR/CONSTRUINDO/PROPOSITO/

CRENÇAS FORTALECEDORAS
HTTP://TI.SUSANNEANDRADE.COM.BR/CRENCAS/FORTALECEDORAS/

Este livro foi impresso
pela Bartira Gráfica
em papel pólen bold 70 g
em março de 2023.